명리학그램 3
사주통변술

명리학그램 3 사주통변술

저자 **김현희**

아듬북

책을 펴내며

〈명리학그램 1〉(2019년)과 〈명리학그램 2〉(2020년)를 펴낸 후 〈명리학그램 3〉(2022년)을 펴낸다. 〈명리학그램 1〉은 명리학을 인문학적 관점으로 일반인도 쉽게 이해할 수 있게 썼다. 〈명리학그램 2〉는 명리학 전문가가 되고 싶은 분들에게 도움이 되도록 실제 명리 상담에서 사용할 수 있는 이론을 소개했다.

〈명리학그램 3〉은 사주를 해석하는 기술을 썼다. 명리학 공부를 많이 했어도 실제 적용에서 글자들의 움직임을 어떻게 해석할지 고민하는 분들이 읽으면 좋다. 쉽게 보면 명리학은 천간 10자와 지지 12자의 관계성을 해석하는 학문이다. 그런데 해석하는 방법이 천차만별이고 해석 기준도 상담가마다 다르기에 사주를 물어보는 피상담자가 누구는 이렇게 말하고 누구는 저렇게 말해서 무엇을 믿을지 모르겠다고 한다. 그 정도로 명리학의 해석 기준이 다양하다. 그래서 〈명리학그램 3〉에서는 그나마 기준으로 사용할 수 있는 술법과 기법을 썼다.

사주를 볼 때 어떤 사람은 '당사주'로 보고, 어떤 사람은 '12운성(장생, 목욕, 관대, 건록, 제왕, 쇠, 병, 사, 묘, 절, 태, 양)'으로 보고, 어떤 사람은 '12신살(지살, 연살, 월살, 망신살, 장성살, 반안살, 역마살, 육해살, 화개살, 겁살, 재살, 천살)'로 보고, 어떤 사람은 음양오행(陰陽五行)의 개수로만 보기도 한다. 그리고 천간의 생극제화(生剋制化)와 지지의 합형충파해(合刑沖破害)와 십성(十星)으로 보는 사람도 있다.

이렇게 사주 보는 방법이 각양각색이다. 이론적으로 정립된 격국론(格局論), 억부론(抑扶論), 계절론(季節論)으로 보는 사람도 있고, 어떤 사람은 용신(用神)만 찾아서 해석하는 사람도 있다. 그러나 중요한 것은 다방면으로 인문학을 공부한 사람이 사주 해석을 잘한다는 점이다.

명리학은 사람의 운명을 30% 정도만 예측하는 학문이다. 나머지 70%는 외부적인 상황으로 사주와 상관없이 개인의 운명을 좌지우지하는 국가, 사회, 세계의 상황이다. 사주를 운칠기삼(運七技三)에 비유한다면 운칠(運七)은 국가, 사회, 세계의 흐름이고, 기삼(技三)는 개인이 타고난 사주로 개인에게 주어진 재능과 재주이다. 운칠기삼은 개인의 운명이 국가, 사회, 세계의 운명에 달려 있다는 의미이다.

개인 사주는 국가, 사회, 세계의 큰 틀에서 대운(大運)과 세운(歲運)과 월운(月運)에 의해서 움직이는 소립자이다. 개인 사주가 아무리 좋아도 국가, 사회, 세계의 정치 경제가 어지러우면 힘들게 살고, 개인 사주가 아무리 나빠도 국가, 사회, 세계의 정치, 경제, 문화가 상황이 좋으면 사주는 좋은 운으로 흐르게 되어 있다. 사주는 그저 한 개인의 특징이고 개성일 뿐이다.

재야 학문의 한 분야인 명리학으로 사람의 인생 전부를 완벽하게 해석할 수 없고 세세하게 맞출 수도 없다. 그렇기에 사주 상담가는 사주를 부정적으로 해석하지 말고, 긍정적으로 해석하면 좋다. 사주 상담가는 겸손한 태도로 피상담자와 대화하고 피상담자에게 위로와 격려를 해주면 된다. 이것이 명리학의 소박한 의의이다. 이런 차원에서 명리학의 이런저런 해석 방법을 쓴 책이 〈명리학그램 3〉이다.

책을 펴내며 · 4

part 1 | 천(天): 쉬지 않고 움직이는 하늘

01. 비견과 겁재 · 11
02. 식신과 상관 · 14
03. 정재와 편재 · 17
04. 정관과 편관 · 20
05. 정인과 편인 · 23
06. 십성과 돈 · 26
07. 사주 10천간의 성향 · 29
08. 2021, 신축년(辛丑年) · 32
09. 사주이론의 다양성 · 35
10. 겁재의 짝꿍 · 38
11. 상관의 짝꿍 · 41
12. 편재의 짝꿍 · 44
13. 편관의 짝꿍 · 47
14. 편인의 짝꿍 · 50
15. 사주와 삼재 · 53
16. 사주와 운의 상호 작용 · 56
17. 지지(地支)의 형상 · 59
18. 사주와 불확정성 · 62
19. 사주와 복(福) · 65
20. 십간(十干)과 십성(十星)의 상징 · 68

part 2 | 지(地): 쉬지 않고 움직이는 땅

21. 사주, 일지(日支) ·73
22. 사주, 시주(時柱) ·76
23. 사주, 연주(年柱)와 월주(月柱) ·79
24. 관성(官星)의 사회적 위계 ·82
25. 비겁(比劫)의 중요성 ·85
26. 사주와 관상 ·88
27. 사주, 지지(地支)의 인사신해(寅巳申亥) ·91
28. 사주, 지지(地支)의 자묘오유(子卯午酉) ·95
29. 사주, 지지(地支)의 진미술축(辰未戌丑) ·99
30. 사주와 건강운(健康運) ·103
31. 사주 십성과 오복(五福) ·106
32. 사주 십성(十星)과 손금 ·109
33. 12운성(運星)의 묘고지(墓庫支) ·112
34. 2022, 임인년(壬寅年) 운세 ·116
35. 임인년(壬寅年)과 십천간(十天干)의 관계 ·119
36. 2022, 임인년(壬寅年)과 재물운 ·123
37. 십천간(十天干)과 십성(十星)의 의미 ·127
38. 사주 지지의 인묘진(寅卯辰) ·130
39. 사주 지지의 사오미(巳午未) ·134
40. 사주 지지의 신유술(申酉戌) ·138

part 3 | 인(人): 움직이며 삶을 창조하는 사람

41. 사주 지지의 해자축(亥子丑) · 145
42. 일주 겁재(劫財), 상관(傷官) · 149
43. 귀문관살(鬼門關煞)과 천문성(天文星) · 152
44. 사주의 대운 보는 법 · 156
45. 사주의 연월일(年月日) 해석법 · 160
46. 사주에서 시주(時柱)의 해석 · 164
47. 사주와 운명 · 168
48. 천간의 역할 · 172
49. 합, 형, 충, 파, 해, 해석법 · 176
50. 사주의 원진살과 귀문관살 · 180
51. 사주 십성(十星)으로 연주 보는 법 · 183
52. 사주 십성(十星)으로 월주 보는 법 · 187
53. 사주 십성(十星)으로 일주 보는 법 · 192
54. 사주 십성(十星)으로 시주 보는 법 · 196
55. 사주의 온도 · 200
56. 사주와 문서운 · 204
57. 〈자평진전〉의 논리 · 208
58. 〈적천수〉의 논리 · 212
59. 〈궁통보감〉의 논리 · 216
60. 사주는 사람을 읽는 학문 · 221

에필로그 · 225

part 1
천(天)

쉬지 않고
움직이는
하 늘

01. 비견과 겁재

비견은 나와 같은 오행에 나와 같은 음양이다. 내가 갑목(甲木)이면 갑목이 비견이다. 비견은 친구, 동료, 형제자매이다. 좋게 작용하면 내 건강과 힘으로서 재성(돈)을 잡을 수 있는 능력이고, 관성에게 제압당할 때 인내하게 하는 조력자이다. 사주에 비견이나 겁재가 하나쯤 있어야 재성운에 돈을 벌 수 있고, 관성운에 승진할 수 있다.

비견(比肩)은 외유내강이다. 팔자에 비견이 있으면 사람과 친구를 좋아한다. 비견이 식상을 만나면 자기 재능을 뽐낼 수 있다. 식상(食傷)은 주는 사랑으로 남자의 경우 식상운이 들어올 때 식상이 재성(財星)을 생하기에 여자를 만날 수 있다. 재성은 남자에게 여자이며, 남녀 모두에게 돈이다. 여자의 경우 비견이 있는데 식상운이 들어오면 식상이 관성(官星)을 제압하기에 남자와 인연이 멀어진다. 사주에 비견이나 겁재가 네 개 이상이면 고집이 세지고 자기 잘난 맛으로 살기에 타인을 배려하는 힘이 약하다. 일이나 사람 관계에서 타인을 무시하다가 낭패를 본다. 여자든 남자든 비견이 많으면 부부 사이는 불안하다. 남자는 고집으로 아내를 누르고, 아내 역시 남자에게 고집으로 지지 않기에 부부불화가 있을 수 있다.

겁재(劫財)는 나와 음양이 다르고 오행은 같다. 내가 갑목(甲木)이면 을목(乙木)이 겁재이다. 겁재는 친구, 동료, 형제자매, 건강함, 승부욕망이다. 겁재는 강렬한 개성이 있고 추진력과 투기심이 있다. 팔자에서 겁재와 재성은 가까이 있으면 안 된다. 겁재가 재성을 겁탈해 간다. 남자 사주에 겁재가 많으면 한 여자를 오래 사랑하지 못한다. 겁재는 내 돈과 내 여자를 빼앗아가는 경쟁자이다. 그러나 사주에 겁재가 하나만 있으면 그 겁재는 나에게 도움이 된다. 겁재를 잘 쓰는 십성은 식상(食傷)이다. 겁재는 식상만 있으면 식상을 도와서 재성(돈)을 벌어들인다. 겁재가 시주(時柱)에 있으면 돈 관리를 잘해야 한다. 시주는 말년을 나타내기에 말년에 자기 돈을 친지나 지인에게 빼앗길 수 있다. 양인(양간의 겁재)은 수술과 질병으로 고생할 수 있다. 그러나 편관(偏官)이 있으면 양인(羊刃)은 잘 다스려져서 훌륭한 일꾼이 된다. 사주에 겁재가 많으면 먼저 식상이 있어야 좋고, 그 다음으로 관성이 있어야 좋게 작용한다.

비견과 겁재는 사주일간이 약하면 좋게 작용하는 길신(吉神)이다. 그러나 비견과 겁재가 네 개 이상이면 자기 고집만 믿고 일을 하다가 실패한다. 이럴 때는 팔자에 식상이나 관살이 있어서 비견과 겁재의 힘을 빼내거나 제압하면 좋게 작용한다. 식상은 빼내는 기운이고, 관살은 제압하는 기운이기에 비견과 겁재가 길신으로 작용한다. 그러나 비견겁재가 없는 사주이고, 식상이나 관살이 사주에 많으면 몸이 약해지고 스트레스가 많아 질병에 걸린다. 비견겁재가 두 개 정도 있고, 뿌리 있는 재성이 하나, 뿌리 있는 관성이 하나 있으면 건강하고, 돈도 잘 벌며, 자기 일에서 성공한다. 사주 지지(地支)에 천간(天干)의 재성과 관성이 뿌리가 있어야 재성도 관성도 힘이 있다. 그런데 비견과 겁재가 사주에 네 개 이상인데, 인성운이 들어오면 인성이 흉신(凶神)이 된다. 인성이 비견과 겁재의 힘을 더 세게 만들어서 자기 고집만 부리는 이기주의자가 되게 한다. 비견겁재가 사주에 두 개쯤 있으면 조직 속에서 일하면 성공한다. 공무원, 공기업, 회사원, 군인, 경찰, 검경, 의사, 간호사, 보호사 일이 좋다.

여자 사주에 비견겁재가 네 개 이상이면 남자 운이 약하다. 남자 대신 자기가 집안의 가장이 된다. 남녀 모두 통제와 간섭을 싫어해서 조직 생활을 오래 못하기에 자기사업을 하거나 전문직이나 기술자로 살아야 팔자가 편하다. 전체적으로 비견과 겁재가 많으면 주관이 너무 강하다. 남을 믿지 않으며 자기 독단성이 강하다. 독신으로 살 가능성이 높다. 비견겁재가 많은 남자는 아내를 누르기에 아내가 아플 수 있다. 여자 역시 비견과 겁재가 재성을 제압해버리면 재성이 관성을 생하지 못하기에 남편 운이 약하다. 남녀 모두 비견 겁재가 많으면 아버지인 편재가 힘이 없어지기에 아버지 운도 약하다. 비견겁재는 편재를 제압하기 때문이다. 비견겁재는 돈을 함부로 쓰거나 남의 돈도 내 돈처럼 가져다 쓸 수 있어 빚을 질 수 있기에 돈 관리를 잘해야 한다.

자기 사주에 비견겁재가 너무 많으면 과유불급(過猶不及)이기에 겸손하게 행동하면 좋다. 사주의 비견겁재는 두 개가 제일 좋다.

02. 식신과 상관

식신(食神)과 상관(傷官)은 '내' 기운을 빼내서 일하는 능력이다. 식신은 '내'가 생하는 오행이며 음양이 같다. '내'가 갑목(甲木)이면 병화(丙火)가 식신이다. 상관(傷官)은 '내'가 생하는 오행이지만 음양이 다르다. '내'가 갑목이면 정화(丁火)가 상관이다. 식신과 상관은 활동력, 생명력, 표현력, 적극성, 생활력이다. 식신은 먹을 복으로 먹고사는 생활수단이다. 사주에 식신이 좋으면 평생 먹는 일로 근심하지 않는다. 자기가 좋아하는 일을 하면서 재성(돈)도 벌고, 정관(직업)을 다스리고, 편관(스트레스)을 제압한다. 식신이 힘이 있으려면 비견과 겁재가 하나쯤 사주에 있어야 한다. 비견과 겁재가 식신에게 힘을 실어주기 때문이다. 식신과 좋은 구조는 비겁 생(生) 식신, 식신 생(生) 재성이다.

비겁 없이 식신이 자기 할 일을 열심히 하면 체력이 약해지고, 끈질기게 일을 추진하지 못 한다. 식신은 추진력이라서 뒤에서 밀어주는 에너지(비겁)가 있어야 끝까지 노력해서 열매라는 재성(돈)을 손에 쥘 수 있다. 식신은 돈을 벌어도 즐겁게 벌며, 긍정적이고 낙천적이다. 식신은 자기 표현력이 좋아 음악, 미술, 작가, 체육인, 연예인 일도 잘 한다.

상관은 정관(직업과 여성에게 남편)을 상하게 한다고 해서 부정적인 십성으로 해석하지만, 상관이 있어야 부조리한 조직이 올바르게 고쳐진다. 상관은 부당함, 불평등에 저항하는 혁명가기질로 좋게 사용되면 영웅이다. 상관은 기존질서를 변혁하기에 기획가, 발명가, 연구원, 연예인, 장사, 무역 일을 잘하고, 타인과 타협하기보다는 독불장군 식으로 혼자 일한다. 상관이 강한 사주는 사장이 되거나 혹은 고위직이 되어야 조직생활을 견딘다. 말단직원으로 조직에서 버티려면 사주에 재성(돈)이 있어야 한다. 상관은 자격증이 있는 사업이나 자영업, 혹은 전문 기술자가 되어야 자기 만족하면서 먹고 살 수 있다. 상관은 자기 과신을 하다가 구설수나 소송으로 고생할 수 있다. 이런 상관에게 정인(합리성)과 편인(지혜로움)이 훌륭한 짝꿍이 될 수 있다.

상관은 정인과 편인에게 제압당해야 말조심을 하고, 자기 분수를 알고, 행동을 조심스럽게 한다. 비견과 겁재는 상관을 더 날뛰게 만들어서 상관이 사회에 적응하지 못하게 만들기에 상관에게는 비견과 겁재가 흉신(凶神)이다. 상관은 비겁보다는 정인과 편인이 길신(吉神)이 된다. 정인과 편인으로 다스려진 상관은 지식으로 무장한 교수, 학자, 창조자가 될 수 있다. 그 다음 상관에게 좋은 십성은 정재와 편재이다. 상관이 재성(돈)을 보면 더 열심히 일한다. 식신에게는 비견과 겁재가 좋고, 상관에게는 정인과 편인이 좋고, 식신과 상관 둘 다에게 재성이 좋다. 상관의 날뛰는 힘을 재성(돈)으로 달래고, 정인과 편인으로 상관의 허세와 자만심을 다스리면 좋다. 상관이 만나지 않아야 할 십성은 정관(직업)이다. 상관이 정관을 만나면 직업 변동과 기존의 인간관계가 깨질 수 있다. 여자 사주에 정관이 약한데, 상관운이 강하게 들어오면 이혼수가 있다.

여성에게 상관은 정관(남편)을 제압하는 기운이기에 상관이 있는 여성은 남자가 남자로 보이지 않고 자기 부하나 자식처럼 보인다. 그럴 경우에 부부불화가 있다. 식신이 정관과 편관을 합리적으로 다스린다면, 상관은 정관과 편관을 힘으로 억누르다 터져버린다. 식신은 정관을 순하게 다스리지만, 상관은 정관을 엎어버린다. 상관이 사주에 강하면 정관보다는 재성을 따르는 편이 좋다. 상관은 돈을 좋아하지, 관성(명예)을 좋아하지 않는다.

상관이 무서워하는 십성은 정인과 편인이다. 정인은 상관을 이성(理性)으로 다스려서 똑똑하게 만들고, 편인은 상관을 탁월한 지성으로 제압한다. 식신과 상관이 경험적으로 똑똑하다면, 정인과 편인은 학문적으로 똑똑하다. 편인이 식신을 제압하는 것을 도식(倒食)이라고 하는데, 현대사회에서 편인이 식신을 보면 교육자, 관리자, 창작자, 발명가가 될 수 있다. 도식은 밥그릇을 엎어버리고 빈둥거리며 노는 모습인데, 빈둥거리며 놀면서 공부하고 창조하며 돈 버는 일을 잘할 수 있다.

식신과 상관은 개성을 상징하고, 부지런하고, 돈을 버는 수단이며, 사람을 좋아하고, 사회에 적응하는 능력이다.

03. 정재와 편재

재성(財星)은 '내'가 극(剋)해서 '내'가 취하는 재물이다. 재성을 극해서 '내' 돈으로 만들려면 '내'가 힘이 있어야 한다. '내' 힘은 비견과 겁재이다. 사주에 비견과 겁재가 두 개 정도 있어야 돈을 벌 수 있다. 돈을 벌기 위해서는 '내'가 힘이 있어야 하는데 비견과 겁재는 '내' 주변의 사람, 혈육, 친구, 경쟁자, 신체건강, 인간관계이다. '내' 주변에 인맥이 있어야 더 자극 받고, 더 열심히 일해서 돈을 벌 수 있다. 재성(돈)을 '내'가 극해서 '내 것'으로 만들려면 관성(官星)이 있어야 한다. 관성은 '나'를 적절하게 조절하며, '내' 돈을 빼앗아 가는 겁재를 제압한다. 재성이 관성을 생(生)해주면 생함을 받은 관성은 돈을 빼앗기지 않고 지키는 역할을 할 수 있다.

재성에는 정재와 편재가 있다. 정재(正財)는 '내'가 갑목(甲木)이면 기토(己土)가 정재이다. 갑목과 기토는 갑기합토(甲己合土)로 갑목은 기토 정재와 궁합이 좋다. 그래서 정재는 안정적인 돈이다. 편재

(偏財)는 '내'가 갑목이면 무토(戊土)가 편재인데, 갑목이 무토를 목극토(木剋土)로 제압한다. 편재는 불안정한 돈, 사업해서 버는 돈, 투자해서 버는 돈이다. 정재에 비해 편재는 돈이 있다가도 없고, 없다가도 있다. 사주에 편재가 많으면 나가는 돈이 많고, 소비를 잘 하고, 돈을 빌려서 사업을 하고, 일을 무서워하지 않고, 남의 돈을 '내' 돈처럼 쓴다. 사주에 관성이 없고 편재가 네 개 이상이면 버는 돈보다 빚이 더 많을 수 있다.

재성이 있는 사주는 인생에서 돈이 제일 목표이다. 돈이 목표이기 때문에 현실적이고 실제적이고 물질적이다. 재성은 식신과 상관에게 힘을 받으면 순조롭게 돈을 번다. 비겁생(比劫生) 식상(食傷), 식상생 재성(財星)이면 그 사주는 돈을 벌 수 있다. 정재는 검소함, 성실함으로 꼼꼼하게 돈을 모아 벌고, 편재는 활동력과 배짱으로 하는 일이 잘 돼서 돈을 벌 수 있다. 정재는 번 돈을 절약하고 모으지만, 편재는 남의 돈을 빌려다가 사업해서 버는 돈으로 망할 수도 있고 성공할 수도 있다. 편재는 투자 받은 돈, 대출한 돈으로 '내'가 벌어서 갚아야 할 돈이다. 정재는 필요 소비를 하지만, 편재는 과시 소비도 하는 편이다.

사주에 재성이 있으면 일단 식신과 상관이 있는지 살핀다. 재성은 식신과 상관의 생(生)을 받아야 돈이 된다. 식신과 상관이 없는 재성은 일만 열심히 하지 큰돈을 벌지 못하고 푼돈을 번다. 재성은 자본의 논리로 살기에, 돈 앞에서 자기를 낮추고, 인간관계를 중요하게 생각하기에 오지랖이 넓다. 인간관계가 돈으로 이어질 수 있다고 생각하기에 사람들에게 잘해준다. 정재는 인간관계를 합리적으로 하고, 편재는 인맥을 이용해서 돈을 벌기도 하고, 편법으로 벌기도 한다.

　정재는 남자에게 아내이다. 정재가 식상생(食傷生) 정재, 정재생(正財生) 정관으로 흐르면 남자인 경우 아내복이 좋으며, 아내가 남편에게 현모양처가 될 수 있다. 정재가 정관을 보호하면 아내가 남편을 생해주는 모습이기에, 남편이 사회에서 출세하고, 사회적 지위를 누릴 수 있다. 편재는 남녀에게 아버지이다. 편재는 돌아다니면서 돈을 버는 능력이다. 아버지는 바깥에 나가 일하면서 돈을 벌어오기에 편재가 아버지이다. 편재가 정관을 생하고 있으면, 정관은 남자에게 자식인데, 자식이 잘될 수 있다. 편재가 식상의 생(生)을 받고, 정관을 생해주고 있으면 그 사람은 직장에서 성공하고 자식운도 좋다. 정관(正官)은 남녀 모두에게 합리적이고 안정적인 직장이며 재성을 보호하는 근면성실함이다.

　재성 옆에 정인이나 편인이 있으면 공부보다는 돈벌이에 관심이 많다. 재성은 인성(印星)을 극(剋)하면서 인성의 자격증을 소용없게 만들고, 돈(재성)을 탐내다가 명예(인성)를 망치는 상황을 벌인다. 일간(비견)이 약해서 인성의 도움을 받고 있는데, 재성운이 와서 인성을 극하면 그 해는 공부가 중단되거나 어머니(정인)가 아플 수 있다.

　사주에 재성이 많고 일간이 약하면 비견겁재가 도움이 되고, 비겁이 너무 많으면 관성이 도움이 된다. 관성 없이 비견 겁재가 사주에 네 개 이상 있으면 돈을 벌어도 남의 돈이 된다. 동업자나 친구, 혈육이 내 돈을 가져간다. 돈을 손에 쥐려면 사주가 중화 되어야 좋고, 돈을 보호해주는 관성이 사주에 있어야 한다. 관성은 내 돈을 빼앗아가는 비견과 겁재를 물리치는 장군이며 돈을 보호하는 은행이다.

04. 정관과 편관

　관성은 '내' 돈을 빼앗아 가는 겁재(경쟁자)를 제압하고, '내' 주변 사람들을 달래는 사회성이고, '나'를 통제하는 자기관리력이다. 관성에게 극(剋) 당한 겁재는 잘났다고 나대지 않고, 고집을 내세우지 않고, 주어진 상황과 화합한다. 관성(官星)은 타인을 배려하며 사회생활을 잘할 수 있는 책임감, 의무감, 인내심이다. 관성이 인성(윗사람)을 생(生)하면 윗사람이 '나'를 돕는 조력자가 되게 한다.

　관성은 재성(財星)이 생해준다. 사회생활을 잘 하려면 돈이 있어야 한다는 논리이다. 재성이 관성을 생하고(재생관), 관성이 인성을 생하고(관인상생), 인성이 '나'를 생하면(인성생비견) 삶이 순조롭게 흐르고 그 사주는 사회에서 부귀하게 살 수 있다. 그러나 사주가 이렇게 잘 굴러가는 경우는 드물다. 대부분의 사람들은 십성(비견, 겁재. 식신, 상관, 정재, 편재, 정관, 편관, 정인, 편인)이 골고루 있지 않고 한 편으로 치우쳐 있거나, 한두 개로 이루어진 사주가 많다. 사주에 비겁이 많으면 관성은 반드시 있어야 한다. 관성은 자기통제력, 사회화 능력, 조직적응력, 여성에게 남편, 남성에게 자식이다.

관성에는 정관과 편관이 있다. 정관(正官)은 '내'가 갑목(甲木)이면 신금(辛金)이 정관이다. 정관은 '나'를 조절하고, '내'가 합리적이 되게 하고, 질서에 적응하게 한다. 정관은 '나'를 강하게 극(剋)하지 않고, 타협하는 방향으로 나아가게 한다. 정관은 좋은 직장, 안정된 사회화, 모범 시민, 적응력이다. 정관은 정재(正財)와 정인(正印)을 좋아한다. 정재는 성실함, 알뜰함이고, 정인은 인정(認定)받음, 공부 잘함, 어머니의 보호, 윗사람에게 사랑받음, 명예이다. 정관 옆에 정재와 정인이 있으면 그 사주는 사회생활에서 성공한다. 그러나 정관 옆에 상관(傷官)이 있으면 정관은 제 기능을 하지 못한다. 상관은 기존 질서인 정관을 고치려는 개혁 기질로 안정적인 정관을 계속 흔들어놓기에, 정관은 상관에 의해 변혁되거나 갈등상황에 놓인다. 정관이 상관을 만나면 규율이 강한 조직생활을 하기보다는 상관의 창의성과 혁신성이 발휘되는 연구원, 프리랜서, 자영업, 벤처 기업, 전문직 일이 좋다. 정관은 고정적인 월급에 자족하지만, 상관은 적은 돈에 만족하지 못하고, 더 많은 돈을 벌려고 하기에 조직에 적응하기보다는 자기 창의력으로 사회에서 살아남는 기질이다. 상관이 조직에 적응한다면 돈이 아쉽기 때문이다.

편관(偏官)은 강력하게 '나'를 억제하고 '내' 주변의 비견과 겁재를 제압한다. '내'가 갑목(甲木)이면 경금(庚金)이 편관이다. 편관은 정관보다 더 세게 '나'를 억압한다. 편관이 무관(武官)이라면 정관은 문관(文官)이다. 요즘 식으로 말하면 편관이 사법부와 군부이고, 정관은 입법부와 행정부다. 사주에 편관이 많으면 편관과 합(合)을 하는 겁재가 있으면 좋다. 편관이 겁재와 합을 하면 경쟁자도 물리치고 편관의 강인한 기질도 약화된다. 갑목에게 을목(乙木) 겁재가 있으면, 을목 겁재가 경금 편관과 합을 하면, 편관의 난폭함과 겁재의 경쟁 욕망이 사라지고, 조직질서에 합리적으로 적응한다. 편관은 사회에서 '내'가 받는 스트레스이기에, 그 스트레스를 합(合)으로 이겨낼 수 있다. 그래서 사주에 비견과 겁재가 두 개쯤 있어야 편관운에 겁재가 '나' 대신 스트레스를 받아내고, 재성운에 비견이 벌어오는 돈을 '내' 돈으로 만들 수 있다. 사주에 비겁이 없이 관성이 많으면 몸이 약해지고 질병에 시달린다.

  정관이 법적, 합리적으로 '나'를 다스린다면, 편관은 인간적, 감정적으로 '나'를 관리한다. 정관보다 편관이 카리스마도 강하고 멋진 관리자이다. 정관이나 편관은 식상(食傷)에게 관리되는데, 사주에 식상이 많으면 위계조직에서 월급쟁이로 살기보다는 개인사업이 좋다. 식신은 부드럽게 정관편관을 다스려서 상호 이익을 만들어내지만, 상관은 힘으로 정관편관을 제압해서 기존 제도를 바꿔버리거나, 한 직장을 오래 다니지 못하게 한다. 정관편관이 인성을 만나면 관인상생이 되어 안정적으로 산다. 관성의 관리 능력과 똑똑한 인성이 만나면 윗사람이나, 주변인들에게 인정받는다. 대략적으로 관인상생 사주는 관리자로, 식상생재 사주는 개인사업가로 분류한다. 관성은 여자에게 남편이고, 남자에게 자식이다. 여자사주에 관성이 좋으면 남편복이 좋고, 남자사주에 관성이 좋으면 자식복이 좋다. 관성은 직업이기에 관성이 좋은 사주는 평생 먹을거리로 고생하지 않는다.

05. 정인과 편인

인성(印星)은 정인과 편인이다. 정인(正印)은 어머니, 공부, 종교심, 문서이다. 정인이 좋으면 훌륭한 선생님이 될 수 있고, 윗사람에게 인정받는다. 편인(偏印)은 계모, 고독, 임기응변, 전략가, 문서이다. 인성은 객관적 지식이라서 제멋대로 날뛰는 주관적 식상(食傷)을 제압하고, 정관과 편관을 보호하는 길신(吉神)이다. 사주에서 정인정관이 관인상생(官印相生)을 하면, 편안하게 살며 사회적 직위를 얻는다. 편인이 좋으면 눈치가 발달해서 어른들의 비위를 잘 맞추며, 자기 절제를 잘하며, 혼자서도 잘 산다. 정인이나 편인이 충(沖)으로 사라지면 어머니운, 문서운, 공부운이 약하다. 사주에 비겁과 인성이 없는데, '내'가 식상생재(食傷生財)하는 사주이면 몸이 약하기에 건강관리를 해야 한다. 비겁과 인성이 좋으면 몸이 건강하다.

관성(官星)이 '나'를 제압하고, 식상이 '나'의 힘을 빼내어갈 때, 인성이 도움이 된다. 인성은 관성이 '나'를 제압하지 못하게 하고 식상을 제압한다. 관성이 인성을 보면 '나'의 실력을 좋게 하거나, '나'에게 도움이 되는 귀인으로 변한다. 인성이 좋으면, 사람이나 조직에게 스트레스를 크게 받지 않는다. 인성은 스트레스 완충제이다. 인성은 어른 말을 잘 들으며, 사회에서 통용되는 지식과 정보를 습득하는 머리로서 꾀돌이이다. 실천력과 행동력은 상관편관, 상관편재, 겁재상관이 좋지만 인성은 기획력이 좋아 머리로 일 한다. 사주에 인성이 없으면 공부복과 어머니복이 약하고, 어른 말을 듣지 않고, 자기이익이 아닌 일에는 방관자가 된다.

인성은 식상(食傷)을 조절해서 '내'가 함부로 말하거나 행동하지 않게 한다. 식상은 솔직하며, 하고 싶은 대로 하는 말과 행동인데, 인성에게 제압당한 식상은 적당한 선에서 타인을 이해하고 타인에게 공감한다. 식상은 주는 사랑이고 인성은 받는 사랑이다. 인성 없이 식상만 있으면 자기 식대로 타인을 움직이려고 하다가 상처만 받는다. 그러나 사주에 인성이 많아서 식상을 완전히 제압하면 활동력이 없어지며, 손에 쥐는 결과물이 없다. 인성은 식신을 조절해서 좋게 사용하지만, 상관은 완전히 제압한다. 과도한 인성이 상관을 제압하면 그 사주는 직업변동이 많고, 한 가지 일을 오래하지 못한다.

정인이 약하면 바로 옆에 재성이 없어야 좋다. 약한 정인이 재성에게 제압당하면 문서운이 나빠지거나, 소송을 당하거나, 하던 공부가 중단되거나, 어머니 운이 약해지거나, 명예가 실추된다. 그러나 사주에 정인이 많아 무사태평할 때, 재성운이 와서 정인을 극하면 그 정인은 지식과 정보를 이용하여 돈을 벌려고 노력한다. 요즘처럼 돈이 최고인 시대에는 정인도 실리적인 공부를 한다. 공부한 내용을 상품으로 만들어 돈을 벌 수 있는 쪽으로 머리를 쓴다. 재극인(財剋印) 당한 정인은 교수, 연구원, 선생님, 발명가가 될 수 있다. 그리고 관인상생을 하는 정인은 재극인(財剋印)이 되지 않는다.

편인은 정인보다 상황적 임기응변이 좋아서 편인상관, 편인편재, 편인편관이 만나면 기획 능력이 탁월하고 뛰어난 경영자가 될 수 있다. 편인이 재성에게 제압당하면, 오히려 자기 실력을 발휘한다. 편인의 지혜와 상관의 창의력과 재성의 돈 욕심이 만나면 새로운 콘텐츠를 만들어내는 창작자, 엔터테인먼트, 방송인, 카피라이터가 될 수 있다. 편(偏)자가 들어가는 편인, 편관, 편재는 사회생활에서 유통되는 지식, 돈, 권력으로 극(剋)을 당해야 움직임이 더 활발해진다. 편인은 전문지식, 편관은 인내심으로 성공하는 의지, 편재는 남의 돈을 빌려다가 돈을 버는 재능이다.

인성은 사물과 사람을 이해하는 능력이기에 관성(조직이나 질서)과 궁합이 잘 맞는다. 식상생재가 돈을 버는 행동력이라면 관인상생은 관리자로서 인간을 다루면서 돈을 번다.

세운에서 편인운(편인은 기존의 일자리인 식상을 극한다)과 상관운(상관은 기존 직업인 정관을 극한다)에는 직업 변동이 있지만, 편인과 상관이 좋은 쪽으로 움직인다면 학생은 합격운, 직장인은 승진운, 남녀 모두 부동산 매매운이 좋다. 인성은 어머니이기에 인성이 건강하면 어머니가 오래 살지만, 인성이 묘지에 드는 해에는 어머니가 아프거나 돌아가실 수 있다. 사주에 인성이 두 개쯤 있으면 몸이 건강하고, 머리가 좋다.

06. 십성과 돈

　사주상담을 하다보면 손님들이 가장 궁금해 하는 것은 '내 사주에 돈이 얼마나 있나.'하는 질문이다. 사람들은 돈운과 건강운을 가장 궁금해 한다. 사주에서 돈운을 볼 수 있는 법은 다양하다. 사주에 재성(돈)이 있다고 해서 돈이 많은 것은 아니다. 사주에서 재성이 네 개 이상이면 돈 나갈 일이 많아 돈이 모아지지 않는다. 재성이 많으면 돈을 모으기보다는 돈쓰기를 잘 해서 돈이 항상 모자란다. 편재가 많으면 과시욕망이 있어서 남의 돈까지 빌려 쓰다가 빚을 진다. 사주에 재성은 두 개쯤 있어야 돈이 모아진다.
　재성만으로 돈운을 보는 것은 아니다. 사주에 관성이 있어야 돈이 관리 된다. 관성은 자기와 타인을 관리하고, 돈을 보관하는 능력이다. 관성은 '내' 돈을 빼앗아가는 겁재(경쟁자)를 제압한다. 겁재는 내 것을 빼앗아가는 혈육, 친구, 동업자, 사기꾼, 소비욕망이다. 그런 겁재를 극(剋)해서 제압하는 일을 관성이 한다. 관성이 없어서 사람과 돈 관리를 못 하면 돈을 아무리 벌어도 돈이 모자란다. 관성은 사주에 두 개쯤 있어야 좋다. 관성은 내 돈을 빼앗아가는 겁재를 물리치고, 저축하는 능력이다. 관성이 없이 재성만 많은 사주는 돈을 벌어도 돈이 내 수중에 있지 않고 바깥으로 나간다.

사주에 재성과 관성이 뿌리가 좋으면 재생관(財生官)이라고 해서 돈(재성)도 직업(관성)도 좋다. 직업이 있으면 돈을 벌 수 있다. 직업이 관성이다. 재생관 사주는 일을 해서 돈을 벌기에 일을 무서워하지 않고 일벌레가 되며 일을 열심히 한다. 일이 돈이기 때문이다. 하늘에서 돈이 공짜로 뚝 떨어지는 요행수를 바라지 않는다. 부지런하고 성실하게 일해서 돈을 번다. 돈복이 많은 사람은 일복이 많은 사람이다. 재성이 관성을 생하는 재생관 사주는 자기 직업에 성실하기에 일을 잘해서 돈을 번다. 일이 재성이고, 돈관리가 관성이다.

예나 지금이나 부동산이 돈벌이의 좋은 수단이다. 부동산은 인성(印星)이다. 사주에 인성이 두 개 정도 있으면 부동산으로 돈을 벌 수 있다. 재성이 현금재산이라면 인성은 문서재산이다. 요즘은 너도나도 부동산으로 돈을 버는 시대인데, 부동산으로 돈을 벌려면 사주에서 인성이 천간과 지지에 하나씩 있어야 한다. 인성은 나를 돕는 조력자, 공부, 건강, 지식, 문서이다. 인성은 머리가 좋아서 돈을 버는 능력이다. 그러나 인성이 네 개 이상이면 현실감각이 떨어져 돈을 벌지 못한다. 인성이 네 개 이상이면 일하지 않고 돈을 벌고 싶은 요행심리가 있다.

연주(年柱) 천간(天干)에 정인이 뿌리 깊게 서 있으면 부모복, 유산복이 있다. 정인은 정당한 절차로 인정받은 지식, 어머니, 문서로서 어렸을 때부터 부모 말을 잘 듣고, 학교생활을 잘하며, 합리적 사고력이 있어서 사회성이 좋다. 정인 옆에 관성이 있어서 관인상생(官印相生)이 되면 윗사람에게 인정받으며 주어진 일에서 좋은 성과를 내기에 돈을 벌 수 있다. 정인과 다르게 편인은 꾀가 많고, 눈치 빠르고, 상황 적응력이 좋다. 편인이 돈을 벌려면 사주에 재성이 있어서 재성에게 재극인(財剋印)을 당해야 돈벌이에 열중한다. 편인은 생(生)보다는 극(剋)을 좋아한다. 정인은 관인상생이 되어야 돈을 벌고, 편인은 관인상생도 좋지만, 재극인을 당해야 지략이 생겨서 머리로 돈을 번다. 편인이 재극인을 당하면 돈 버는 쪽으로 머리를 쓴다.

　강한 편인이 약한 식신을 극(剋)하면 무슨 일을 해도 용두사미가 되고, 하던 일이 중단되어 돈벌이를 못 한다. 그래서 편인 옆에는 식신이 없어야 좋고, 관성이나 재성이 있어야 좋다. 식신과 상관은 돈을 버는 활동력인데, 편인이 식상(食傷)을 제압하면 돈 버는 일을 게을리 하며, 직업변동이 많다. 돈 없는 사주는 겁재가 많거나, 인성이 많거나, 상관이 많은 사주이다. 이런 사주는 애써 직장을 구했어도 오래 일하지 못하기에, 자기만의 전문기술 자격증을 가지고 있어야 생활을 유지할 수 있다.

　예나지금이나 돈이 최고이고, 돈이 인생의 주요한 관심사이지만, 돈이 누구에게나 툭 떨어지는 공짜물건은 아니다. 돈은 일을 해야 벌 수 있기에 일하면 돈이 생긴다. 그런데 일을 해도 돈이 부족하다면 마음부자가 되는 게 좋다. 사주와 상관없이 자기생활에 자족하는 마음부자는 상대적 우월감이나 열등감으로 자기를 괴롭히지 않기에 행복만족도가 크다고 본다.

07. 사주 10천간의 성향

사주를 보면서 가장 많이 하는 질문은 돈운, 건강운, 자식운, 남편운, 아내운으로 일상생활에서 꼭 필요한 삶의 조건들을 묻는다. 미혼 남녀는 연애운과 결혼운을 궁금해 한다. 그리고 자기가 누구인지에 대한 질문도 한다. 심리테스트를 하면서 자기가 어떤 성향의 사람인지 알아보듯이 사주에서 자기가 어떤 정체성을 가진 사람인지를 궁금해 한다. 사주는 내가 누구인지, 어떤 기질의 사람인지에 대한 정보를 알려준다. 천간에 따라 '나'의 주요한 특성이 무엇인지 알 수 있다.

사람은 갑을병정무기경신임계(甲乙丙丁戊己庚辛壬癸) 중에 하나의 천간으로 태어난다. 내가 갑목(甲木)이면 위로 뻗는 힘이 있다. 나무는 위를 보면서 자라기에 적극적, 긍정적, 활동적이다. 을목(乙木)이면 작은 화초이기에 예쁘게 꾸미는 일, 남에게 사랑받기 위해 열심히 일하고 상황에 맞게 타협하고 조절하는 능력이 있다. 내가 병화(丙火)로 태어나면 갑을목(甲乙木)을 키우는 에너지원으로서 사람이나 생물에게 자기 능력을 나눠주는 희생심이 있지만, 하늘에 떠 있는 태양이기에 인정받으려는 욕망이 강하다. 정화(丁火)는 문명의 불, 인간이 만든 학문, 과학으로서 갑을목(생명체)의 생명력을 확장시키는 역할을 한다. 정화는 기획, 조정 등의 일을 잘한다. 정화는 자기에게 주어진 일에서 더 많은 생산물을 내기 위해 연구하며 실행하기에 공로자가 되고 싶어 한다. 일간(내가 태어난 천간)이 병정화(丙丁火)이면 키우는 일을 하기에 인정욕망이 강하고, 불처럼 눈에 띄기에 스타 기질이 있다. 갑을목(甲乙木)이 생명체라면 병정화는 생명체를 자라게 하는 에너지원이다.

내가 무토(戊土)이면 큰 산, 대지이기에 듬직하고 성실하다. 무토도 하늘의 병정화처럼 갑을목을 키우는 땅의 근원이다. 무토가 있어야 갑을목이 대지에 뿌리내리고 자랄 수 있다. 내가 기토(己土)이면 농사짓는 논밭이나 들판이기에 먹을 식량을 길러내는 생활력이 좋다. 무기토(戊己土)가 생명체인 갑을목이 없으면 민둥산, 빈 들판이 되기에 외롭다. 갑을목이 있어야 무기토가 아름다운 대지가 되며, 영양분이 있는 토양이 된다. 병정화가 하늘에서 갑을목을 키우는 광합성이라면 무기토는 대지에서 갑을목의 뿌리를 굳건하게 하는 근원이다. 무기토도 병정화처럼 갑을목을 키우기 위해 열심히 일하면서 자기 정체성을 형성한다. 병정화나 무기토는 생명체인 갑을목을 키워내는 일꾼으로 사회의 기간산업이다.

내가 경금(庚金)이면 경금은 갑을목이 생산한 결과물로 열매이다. 경금은 결과물을 취하는 힘이기에 단단하고 결단력이 있다. 버려야 할 것과 거두어야 할 것을 결정하는 집행관이다. 내가 신금(辛金)이면 열매 속의 씨앗이기에 완성품이다. 신금은 사람으로 비유하면 남자의 정자, 여자의 난자이다. 신금은 씨앗 그대로 보존되다가 임수라는 자궁을 만나 새로운 형태로 태어난다. 신금은 완성품이기에 남이 자기를 간섭하거나 건드리는 것을 싫어한다. 잘 보호된 신금(씨앗)은 이듬해에 갑을목(생명체)으로 다시 태어난다.

내가 임수(壬水)이면 임수는 신금(씨앗)을 보호하는 엄마의 자궁으로 생명탄생지의 근원이다. 임수가 없으면 생명체는 만들어질 수 없다. 하늘에 태양(병정화)이 있고, 땅에 대지(무기토)가 있어도 임수(물)가 없으면 생명은 탄생할 수 없다. 계수(癸水)는 공기 중의 습도이며 생명체들이 먹는 생명수이다. 계수는 허공의 보이지 않는 수분이며, 땅속이나 아래로 흐르기에 속을 모른다. 임계수(壬癸水)는 병정화, 무기토와 함께 생명체(갑을목)를 살리는 중요한 역할을 한다.

사주 십천간(十天干)은 갑을목을 키우기 위해 병정화, 무기토, 임계수가 희생하고, 갑을목의 결과물로 경신금이라는 열매가 생기는 순환구조로 되어 있다. 갑을병정무기경신임계가 서로 연관되어 있으며 서로에게 꼭 필요한 존재로 구성되어 있다. 물론 어느 계절의 갑을목(甲乙木), 병정화(丙丁火), 무기토(戊己土), 경신금(庚辛金), 임계수(壬癸水)인지에 따라 성격과 정체성이 판이하게 달라진다. 태어난 연월일시(年月日時)인 사주(四柱)에 따라 일간(나)이 변화되므로 개인의 성향은 무궁무진하다. 상황과 환경에 따라 성격이 변하듯이 일간(나)도 상황과 환경에 따라 변화하며 살아남는다.

08. 2021, 신축년(辛丑年)

2021년, 신축년이다. 모든 사람의 팔자(八字)에 '신축(辛丑)'이라는 두 글자가 영향을 끼친다. 신축은 '하얀 소'로서 신성한 이미지가 있으며 참을성이 강하고, 열심히 일하며, 때로는 사람의 식량이 되며, 새봄을 기다리는 긍정심이 있다.

신축은 씨앗이 보관된 창고이다. 씨앗은 문명의 씨앗, 불의 씨앗, 새싹의 씨앗, 열매의 씨앗, 남자의 정자, 여자의 난자, 기초학문으로서 새 생명을 만들어내는 근간으로 핵이 된다. 신금(辛金)은 완성품으로 더 이상 다듬을 필요가 없기에 외부 간섭이 있으면 맹렬하게 저항한다. 신금은 서슬 퍼런 칼날이기에 건드리면 오히려 건드린 상대방이 공격당한다. 잘못 건드리면 신금에게 다칠 수 있다.

신축년의 지지(地支) 축토(丑土)는 축축하게 언 땅이다. 양력 1월이 축(丑)달인데, 매우 추운 겨울 땅이다. 신축은 꽁꽁 언 땅 속에서 새 생명(씨앗)이 입춘을 기다리며 위로 솟을 준비를 하고 있는 모습이다. 이 씨앗이 봄이 되면 발아되어 갑목(甲木) 줄기나, 을목(乙木) 꽃으로 피어난다. 신금이 없으면 새봄의 새싹이 없다. 축토의 지장간 (支藏干)에는 계수(癸水), 신금(辛金), 기토(己土)가 있다. 지장간은 지지(地支) 속에 들어 있는 천간이다. 축토의 지장간 계수는 지난해에 추수한 씨앗(신금)을 보호하는 생명수이다. 계수가 신금을 보호하고 있기에 이듬해 봄이 새롭게 나타난다.

2021년, 신축년에 갑목(甲木)일간은 신축이 차가운 땅이라서 나무가 잘 자라지는 못하지만, 살기 위해 용틀임을 하는 해이다. 갑목은 신축년이 정관정재(正官正財)운이라서 힘들어도 무난하게 살아갈 수 있다. 을목(乙木)일간은 신축년이 편관편재운으로 편관은 스트레스이고, 편재는 유통되는 돈이라서 돈과 일로 스트레스를 받을 수 있다. 을목 꽃이 신금 칼날에게 베일 수 있으니 건강관리를 하는 게 좋다. 병화(丙火)일간은 신축년이 정재상관운으로 상관생재로 흐를 것 같지만 병화는 신금과 합(合)이 되어 수(水)로 변하기에 병화 자체의 힘이 약해진다. 병화일간은 돈을 벌려고 애쓰기보다는 기존에 하던 일을 단단하게 다지는 게 좋다. 정화일간(丁火日干)은 신축년이 편재식신운으로 식신생재하고 돈이 모아져서 축토인 묘지(墓地)속에 보관될 수 있지만, 묘지는 몸이 아프기도 하니까 몸조심을 해야 한다. 신축년에 병정화 일간은 건강관리에 힘쓰면 좋다.

무토일간(戊土日干)은 신축년이 상관겁재운이다. 상관겁재는 자기고집만 밀고 나가다가 실패할 수 있고, 구설수도 있기에 남의 의견을 잘 듣고 화합하는 마음을 가지면 좋다. 기토일간(己土日干)은 신축년이 식신비견운이다. 식신비견은 힘듦 없이 자기 할 일을 하면서 평탄하게 지나간다. 그러나 기토가 축토에서 묘지이기에 건강관리에 신경 써야 한다. 경금일간(庚金日干)에게 신축년은 겁재정인운이기에 돈 관리에 신중해야 한다. 겁재는 손해 보는 운이고, 정인은 문서 운으로 작용하지만, 경금은 축토가 묘지이기에 새로운 일을 시작하지 않는 게 좋다. 임수일간(壬水日干)은 신축년이 정인정관운이다. 관인상생으로 일을 열심히 하고 근면검소하게 살면 좋은 일이 생긴다. 계수일간(癸水日干)에게 신축년은 편인편관운이다. 편인편관이라서 힘들게 일이 진행되거나 스트레스가 있지만 관인상생이어서 평탄하게 흐른다.

내가 태어난 일간에 따라 신축이라는 두 글자가 영향을 미치면서 사주가 변한다. 신축 두 글자를 팔자(八字) 전체에 생극제화, 합형충파해로 대입하면 사주는 더 복잡하게 전개된다. 그러나 대부분의 사주는 좋게 작용한다. 나쁜 사주는 거의 없다. 힘들어도 모든 사람은 자기주체성과 자유의지가 있기에 사주팔자라는 운명을 자기에게 이롭게 사용할 수 있다.

우리나라는 갑목(甲木) 나라이다. 갑목은 위로 솟는 힘이 강하다. 갑목 나무가 잘 자라려면 태양 병화가 있어야 하고, 뿌리내릴 대지(大地)인 무기토가 있어야 하고, 생명수인 임계수가 있어야 한다. 신축(辛丑)은 언 땅이기에 갑목이 뿌리내리기 힘들지만, 신금 같은 작은 칼날이 큰나무인 갑목을 벨 수 없기에, 갑목인 우리나라는 어렵게 버티면서 신축년을 살아낼 것이다. 다행이 갑목에게 병화의 기운이 2월부터 9월까지 들어오기에, 그 사이에 갑목은 잘 자랄 수 있다.

09. 사주이론의 다양성

　사주는 사람의 운명을 해석하던 옛 방식이다. 자기 삶이 궁금하고, 어떤 결단적 상황에서 중요한 선택을 해야 할 때, 사주가 도움이 되기 위해 만들어진 이론이다. 사주(四柱)는 태어난 연월일시(年月日時)이며, 천간(天干) 네 자, 지지(地支) 네 자, 총 팔자(八字)로 구성되어 있다. 그래서 사주팔자(四柱八字)라고 하고, 그 이치를 명리하고 한다. 명리(命理)는 하늘이 내린 목숨, 자연의 이치라는 의미로 팔자에 담긴 결정론적 운명을 나타내고, 명리학(命理學)은 팔자를 해석하는 학문이다.

　당나라(618~907) 때, 띠(태어난 해)를 기준으로 납음오행(納音五行)과 신살론(神煞論)이 확립되었다. 이후 송나라(960~1279) 초에 서자평이 '자평진전'에서 태어난 생년월일시인 네 기둥(사주)을 정하고, 일간(태어난 날의 천간)과 일지(태어난 날의 지지) 기준으로 사주 보는 법을 확립했다. 송나라 때부터 서자평이 년(年) 기준의 사주해석을 버리고, 태어난 일(일주) 기준의 사주해석법을 도입하면서, 당나라 시기의 신살론과 납음오행은 근거를 잃기 시작했다. 송나라 때 완성된 '자평진전'은 격국(태어난 달인 월지)을 중시했고, 격국에 맞는 용신(사주를 좋게 만드는 글자)으로 사주를 해석했다.

사주학은 계속 발전 되어 명나라(1368~1644) 때 유백온(1311~1375)이 '적천수'에서 용신의 억부(抑扶) 이론을 완성하였다. 억부는 강한 글자는 극(剋)하고, 약한 글자는 생(生)하는 방법으로 사주를 좋게 만드는 글자를 용신으로 잡았다. 유백온의 '적천수'는 사주를 음양오행의 생극제화(生剋制化)로 해석하고, 신살론과 십이운성을 사용하지 않았다. '적천수'의 핵심은 중화억부론(中和抑扶論)으로 '중용(中庸)'의 이치를 중요시했다. 사주해석에서 비논리적인 납음과 신살을 제거하고, 천간과 지지의 생극제화, 합형충파해(合刑沖破害), 음양오행의 억부(抑扶), 기운의 왕쇠(旺衰)로 사주를 해석하였다.

이후 청나라(1636~1912) 때 여춘태가 '궁통보감'을 완성하였다. '궁통보감(窮通寶鑑)'은 사주를 볼 때 먼저 온도와 습도인 기후를 중시했다. 사주가 추운지 더운지를 보고, 사주의 기후를 중화시키는 글자를 용신(用神)이라고 했다. '궁통보감'은 격국과 신살을 폐지하고, 천간과 지지의 생극제화, 합형충파해로만 사주를 보았다. 사계절 별로 천간의 동태를 살핀 후 너무 추우면 불이 용신이고, 너무 더우면 물이 용신이 된다는 원리로 사주를 해석했다. 조후(調喉)를 보고, 억부를 보면서 사주의 용신을 잡았다.

명리학의 삼대 보물은 '자평진전', '적천수', '궁통보감'이다. 자평진전은 격국과 용신을, 적천수는 음양오행의 생극제화를, 궁통보감은 기상의 변화를 중시했다. '자평진전, 적천수, 궁통보감' 세 책의 공통점은 중화를 중시한다. 중화는 음양오행이 어느 한 쪽으로 지나치거나 모자람이 없는 상태이다. 사주를 중화시키는 글자가 용신(用神)이다. 용신의 종류는 상신(相神), 억부용신, 조후(調候)용신, 통관(通關)용신으로 크게 나눌 수 있다. 상신은 격국을 완성시키는 격국론에서 사용하고, 억부는 오행의 강약을 조절하고, 조후는 온도와 습도를 조절하고, 통관은 중간매개자로 사용된다.

사주를 해석할 때 격국도, 억부도, 조후도 다 사용해야 한다. 어느 한 이론이 맞는 것은 아니다. 사주학자마다 용신을 다르게 잡는 것은 사주학 이론이 다양해서이다. 이 세 가지 대표 이론 외에도 십이운성이나 신살론으로 사주를 보는 사람도 많다. 이렇게 사주이론이 다양해서 사주를 볼 때마다 사주해석이 달라진다. 사주학자마다 자기가 선호하는 이론이 있기에, 사주학은 수학이나 문법처럼 객관적인 학문은 아니다. 사주학은 주관적인 학문이기에 사주가 궁금해서 사주를 볼 때, 사주가 다 맞는 것이 아님을 알아야 한다.

사람은 사주라는 운명도 작용하지만, 자유의지로 자기 운명을 이끌어가는 자기정신력도 있는 존재이다. 실제로 후천적인 교육이나 사회 상황에 의해서 형성된 자기주체성이 사주보다 더 강하게 삶에서 작용된다. 그래서 사주학자가 사주를 해석할 때는 좋게 해석해야지 나쁘게 해석하면 안 된다. 사주학은 잘 살아보려고 만든 이론이지 사람에게 겁주려고 만든 이론이 아니다.

10. 겁재의 짝꿍

　십성(十星)은 비견, 겁재, 식신, 상관, 정재, 편재, 정관, 편인, 정인, 편인이다. 비견(比肩)은 '나', 겁재(劫財)는 경쟁자, 식신(食神)은 생활력, 상관(傷官)은 반항심, 정재(正財)는 저축한 돈, 편재(偏財)는 유통되는 돈, 정관(正官)은 안정된 직장, 편관(偏官)은 스트레스 받는 직장, 정인(正印)은 공인된 인증서, 편인(偏印)은 전문 자격증이다. 이 중에 비견, 식신, 정재, 정관, 정인은 생(生)함을 좋아한다. 비견이 식신을 생하고, 식신이 정재를 생하고, 정재가 정관을 생하고, 정관이 정인을 생하고, 정인이 비견을 생하면 평탄하게 흐른다. 반면에 겁재, 상관, 편재, 편관, 편인은 극(剋)을 받아야 좋게 흐른다.
　사주에 겁재가 많으면, 결혼생활이 순탄하지 않다. 자기고집이 세서 배우자를 제압하고 아프게 한다. 겁재는 타인을 지배하는 욕망이며, 추진력, 승부욕으로 자기가 이겨야 만족한다. 승기(勝機)가 과도한 겁재를 정관이나 편관이 극제(剋制)해야 적정하게 고집이 조절된다.

극제(剋制)는 필요한 규격대로 잘라서 교정한다는 의미이다. 자기 고집인 겁재를 관성(官星)이 제도(制度)하면 과도한 고집이 타인을 배려하는 쪽으로 객관화 된다.

겁재는 돈이나 사람을 자기 마음대로 지배하려다가 오히려 자기 것을 남에게 빼앗긴다. 남에게 소유물(돈이나 사람)을 빼앗기지 않고 잘 지키려면 관성이 겁재 옆에서 겁재를 다스려야 한다. 관성 없는 겁재는 사람이나 돈을 욕심내다가 실패를 맛본다. 겁재는 자기 독단적이고 남의 간섭을 싫어하고, 남에게 지시받는 것을 싫어하는데, 이런 겁재를 관성(정관과 편관)이 제도(制度)하면, 겁재가 합리적인 경쟁력으로 바뀌어서 자기에게도 타인에게도 좋은 결과를 만들어내는 힘이 된다. 겁재 옆에 관성이 있다면, 큰 조직이나 큰 회사에서 성과를 낼 수 있다.

사주에 겁재가 많은데, 인성(정인과 편인) 운(運)이 들어오면 그 겁재는 제 고집만 믿고 제멋대로 날뛰다가 재산과 사람을 잃고 건강까지 나빠진다. 인성과 겁재로만 이루어진 사주는 자기가 하고 싶은 일만 하며, 게임중독, 도박중독, 히키코모리(은둔형 외톨이), 조울증, 싸움꾼이 될 수 있다. 인성과 겁재만 있는 사주는 하늘에서 돈이 떨어지기를 바라고, 일하는 것을 싫어해서 한 가지 일을 오래 못하며, 직업 변동이 많다. 사주에 겁재가 많은데, 인성운(印星運)이 대운에서 20년간 들어오면 그 사주는 놀고먹는 백수가 될 수 있다. 사주에 인성과 비겁이 많으면 공부해서 선생님, 강사, 교수, 연구원이 되는 방법이 최선의 길이다.

사주에 겁재가 많은데 관성이 없다면 식신과 상관이 있으면 좋다.

겁재가 식신과 상관을 만나면 생(生)하는 활동을 해서 부지런한 생활력으로 바뀐다. 겁재는 신체가 건강하기에 식신과 상관의 활동력을 이용해서 돈을 벌 수 있다. 겁재와 식상(식신과 상관)은 아이디어로 돈을 벌고, 몸을 움직여서 돈을 벌고, 자신감이 강하고, 자기 전문기술로 능력을 인정받아 연구원, 교수, 선생님, 의사, 약사, 정치인, 운동선수 등의 일을 잘한다. 겁재와 식상은 긍정적인 마인드로 절망하지 않는다. 겁재가 밀어주는 상관은 카리스마와 부드러움을 동시에 갖춘 조직의 장(長)이 될 수 있다. 겁재가 생해주는 식신과 상관 옆에 재성(정재와 편재)이 있으면 식상생재(食傷生財)로 이어져서 돈 벌기 좋은 사주가 된다.

겁재가 식상(食傷) 없이 재성(財星)을 만나면 그 재성은 돈이 되지 않는다. 겁재가 식상 없이 재성을 보면, 일만 열심히 하지 돈이라는 결과물은 타인의 손으로 넘어간다. 겁재가 돈을 손에 쥐려면 관성이나 식상이 있어야 한다. 겁재 옆에 식상이 있고, 식상 옆에 재성이 있어야 겁재가 좋게 작용해서 사업가, 연구원, 주식 투자자 등의 일로 돈을 벌 수 있다. 겁재가 식신을 보면 꾸준히 돈을 벌고, 상관을 보면 한 번에 큰돈을 벌 수 있다. '겁재-〉식상-〉편재'로 생(生)하는 사주는 돈복이 좋은 사주이다.

겁재의 가장 좋은 짝꿍은 편관과 정관, 식신과 상관이다. 겁재가 관성을 보면 용감한 투사, 정치인, 관리자가 된다. 겁재가 식상을 보면 전문가, 기술자, 학식 있는 교수가 된다. 사주에 겁재가 많은데, 관성도 식상도 없다면, 공부하는 길이 최선이며, 겸손하게 행동하고, 타인을 배려해야 사회생활을 잘할 수 있다. 겁재가 자기 성질대로 지배적으로 행동하면 배우자운도 없고, 돈도 없을 수 있다.

11. 상관의 짝꿍

　상관(傷官)은 직설적으로 말한다. 속마음을 감추지 못하고 상대방의 단점을 솔직하게 지적한다. 올바르지 못한 상황을 보면 투사처럼 목소리를 높인다. 상관은 친절하고, 똑똑하며 표현력이 좋아 말을 잘한다. 상관은 겁이 없다. 상관은 앞으로 돌진하는 추진력이며, 자기가 하고 싶은 일은 힘들어도 열심히 한다. 머리 쓰는 사무일도 잘하지만 몸 쓰는 노동일도 잘한다. 상관은 부지런하며 일단 경험해보고 난 후 좋은지 나쁜지를 결정하는 경험주의자이다. 그런 면에서 상관은 실제적이고 현실적이다. 그런데 사주에 인성이 하나도 없다면 그 상관은 제어가 되지 않아, 제멋대로 행동하고 말한다. 그러다가 구설수에 시달린다.
　상관은 머리 회전이 빠르다. 상황에 맞게 행동하고 말재주가 좋아 상대방을 홀릴 수 있다. 상관은 이익이 되면 처세도 잘하고 사람에게 먼저 다가가고 사교성이 좋다. 이런 상관 옆에 재성이 있으면, 상관생재(傷官生財)하기에 더 열심히 일하고, 배포가 크고, 주는 사랑을 잘한다. 인성(印星)이나 재성(財星)이 없이, 사주가 상관과 비겁으로 구성되어 있으면 직장생활을 오래 하지 못하고, 직장 변동이 많으며, 결국은 개인사업을 하게 된다. 비겁과 상관만으로 구성된 사주가 잘 되면 논객, 교수, 외과 의사, 정치인, 경영자, 조직의 우두머리, 운동선수, 요리사, 연예인이 될 수 있지만 잘못되면 깡패, 사이코패스, 사회부적응자가 된다.

　상관은 과시 욕망과 만용이 있기에 상관의 가장 좋은 짝꿍은 인성이다. 인성이 상관을 극(剋)해야 상관이 겸손해지고, 긍정적이고, 창의적인 쪽으로 실력이 발휘된다. 인성에게 극을 당한 상관은 기억력이 좋고, 창조력이 뛰어나고, 발명가, 연구원이 될 수 있다. 인성이 제압하는 상관은 실력자, 영웅, 희생자, 선구자가 될 수 있다. 정인(正印)이 극(剋)하는 상관은 학자, 연구원, 고위 공무원, 의사, 교수가 될 수 있고, 편인(偏印)이 극하는 상관은 작가, PD, 창작자, 발명가, 예술인, 전문가, 정치인, 군인, 검경이 될 수 있다. 인성은 학력, 증명서, 졸업장, 자격증이다. 이런 인성이 주관적인 상관을 적절하게 다스리면, 상관은 사회에서 객관적으로 쓸모 있는 재능으로 변한다. 사주에 상관이 강하면 인성이 있어야 하고, 인성이 상관 옆에 있다면 그 사주는 사회에서 인정받고 잘살 수 있다.

　상관은 관성(정관과 편관)을 무시하고 무너뜨린다. 상관은 관성(官星)을 상(傷)하게 하기에 조직 적응력이 약하고, 어느 조직에 들어가든 불평불만이 많아 일찍 퇴사하고, 직업 변동을 많이 한다. 상관이 관성을 극(剋)할 때, 관성 옆에 인성이 있으면 상관은 인성에게 제압당해서 관성을 극하지 못하고, 관성은 관인상생(官印相生)을 해서 상관의 해를 입지 않는다. 이렇게 인성은 관성을 보호하고, 상관을 다스리기에 인성이 상관의 가장 좋은 짝꿍이다. 인성은 합리적 지식, 윗사람, 객관성, 인정받는 명예로서 상관의 재능을 사회에서 유용하게 써먹을 수 있도록 바꾼다. 인성은 상관을 제압하는 지식, 학문, 논리력, 공인된 도덕, 상사(上司)이다. 상관이 관성을 해칠 때, 인성이 상관을 극하고, 관성을 보호하면 상관은 논리적 똑똑이로 변한다. 인성이 극(剋)한 상관은 말하는 직업, 창조하는 직업에서 빛을 발할 수 있다. 여성에게 관성은 남편인데, 사주에 상관이 강한 여성은 남편운이 약하기에 결혼을 늦게 하거나, 결혼하지 않을 수 있다.

상관의 두 번째 좋은 짝꿍은 재성(財星)이다. 상관은 재성을 보면 돈을 벌기 위해 머리를 쓰고 더 부지런히 노력한다. 상관이 재성을 보면 주식, 부동산, 사업, 이익추구로 변하고, 아이디어가 좋고, 인간관계가 돈이 되기에 인간관계도 잘 맺는다. 상관이 재성을 보면 활동력과 생동감이 넘치며, 이익을 내기 위해 에너지를 전심전력으로 쏟는 기술자나 전문적인 일꾼이 되고, 타인을 위해 봉사한다. 상관이 정재를 보면 알뜰살뜰하고, 편재를 보면 배포가 커서, 큰돈을 번다.

상관의 재능이 사주에서 잘 발휘되려면, 인성이 있거나, 재성이 있어야 한다. 인성은 관인상생으로 관성을 살리고 상관을 조절하며, 재성은 상관생재를 하고, 그 재성이 재생관을 하게 해서 관성을 살린다. 관성이 살아나면, 관성이 직업이기에 먹고사는 일로는 걱정할 필요가 없다. 상관이 강한 사주는 공부(인성)를 열심히 하거나, 돈(재성)을 추구하며 사는 게 좋다.

12. 편재의 짝꿍

재성은 정재(正財)와 편재(偏財)가 있다. 정재는 안정적인 돈이며, 내가 사용할 수 있는 고정재산으로 성실하게 일해서 번 돈이다. 편재는 돌아다니는 돈으로 내 돈도 되고, 남의 돈도 되며, 사업해서 크게 버는 돈, 혹은 투자하다가 크게 잃는 돈, 과시하는 돈이다. 정재의 짝꿍은 식신이나 상관, 혹은 정관이나 편관이다. 정재는 식상의 능력으로 돈을 벌고 관성으로 보호되는 돈이다. 반면에 편재의 짝꿍은 모든 십성(비견, 겁재, 식신, 상관, 정재, 편재, 정관, 편관, 정인, 편인)이 다 될 수 있다.

재성은 식상이 가장 좋은 짝꿍이다. 식신과 상관은 먹고사는 재능, 활동력, 추진력이다. 식상(食傷)이 있으면 먹고살기 위해 몸을 움직이고 노력한다. 식상과 편재가 가까이 붙어 있으면 부지런히 일해서 돈을 번다.

사주에 재성이 많으면 재성을 빼앗아가는 겁재가 있는지 살핀다.

편재 옆에 겁재가 있으면 돈을 벌어도 내 돈이 되지 못한다. 이럴 때는 관성이 있어서 겁재를 극해야 내 돈이 된다. 겁재를 극하는 관성이 있다면 재성은 돈을 벌 수 있다. 그러나 관성이 너무 많으면, 재생관(財生官)이 되어 비견인 나를 극해서 내 건강이 약해질 수 있다. 관성이 비견(나)을 극해서 심신이 아플 수도 있지만, 그래도 관성이 겁재를 극해야 돈을 벌 수 있다. 이럴 경우, 관성 옆에 인성이 있어서, 인성이 관인상생을 하고, 인성이 비겁을 도우면 좋다. 재성과 관성이 많은 사주가 비겁이 없으면 그 사주는 병에 걸리거나, 세상에 적응하기 힘들다. 재성은 한두 개가 좋다.

재성은 한두 개의 비겁과 식상이 있어야 좋다. 식상 없이 재성만으로 돈을 버는 것은 사람을 부려서, 사람에게 월급을 주고 나면 내 인건비도 없는 상황이 된다. 식상 없는 재성은 돈 관리를 잘해야 내 돈이 생긴다. 사람을 부리고 월급을 주면서 먹고살려면 머리가 좋거나(인성), 기획능력(식상)이 있어야 돈이 모아진다. 인성이나 식상이 없다면 편재는 돈을 벌어도 남 좋은 일만 하고, 자기 손에 돈을 쥐지 못한다.

사주에 편재가 많으면 돈 쓸 일이 많고 돈을 벌어도 나갈 곳이 많다. 편재가 네 개 이상이면 돈이 모이지 않는다. 투잡, 쓰리잡으로 프리랜서 일을 해도 돈을 벌기보다는 돈 나갈 곳이 많고, 빚을 질 수 있다. 편재가 많으면 한 가지 일에서 전문가가 될 수 없다. 그래서 사주에 편재가 많으면 한 가지 분야에서 전문가가 되도록 자기 의지를 발휘하는 게 좋다. 혹은 안정적인 월급쟁이를 하는 게 좋다. 사주 월지(月支)가 편재이고, 옆에 식상이 있으면 사업을 해도 되지만, 식상 없는 편재는 월급쟁이가 되는 게 좋다.

　편재의 두 번째 짝꿍은 정관(正官)과 편관(偏官)이다. 관성은 재성을 빼앗아가는 겁재(劫財)와 비견(比肩)을 제압하기에 재성을 보호하는 길신(吉神)이다. 비견과 겁재는 내 돈을 빌려 달라고 하고, 내 돈을 빼앗아가는 사람들이다. 이런 비견과 겁재를 관성이 제압하면 돈을 빼앗기지 않을 수 있다. 비견과 겁재는 밀어붙이는 힘, 겁 없이 일을 시작하는 추진력인데, 이런 과도한 시도를 관성이 적절하게 조절하면, 돈 관리와 인간 관리를 잘하게 된다.

　편재의 세 번째 짝꿍은 인성(印星)이다. 인성 중에서 편인이 편재와 궁합이 좋다. 인성에는 정인(正印)과 편인(偏印)이 있다. 정인은 정규학문, 공인인증서, 윗사람의 조력이다. 반면에 편인은 편법 지식, 임기응변, 꾀돌이, 눈치 빠름, 상황에 맞는 지혜로움이다. 정인이 이성적(理性的)이라면 편인은 현실적(現實的)이다. 실리적인 편인을 편재가 극(剋)하면 편인은 돈 버는 쪽으로 머리를 쓴다. 편재의 극(剋)을 받은 편인은 특허권, 연구업적의 결과물로 돈을 벌 수 있다. 인성이 많으면 게으르고, 잠 많고, 무사태평인데, 부지런한 편재가 들어와서 인성을 자극하면 인성은 활발하게 움직이고, 그 결과로 돈을 벌 수 있다.

　비겁도 편재의 짝꿍이다. 비견과 겁재는 돈을 버는 행동력, 추진력, 독립심이다. 비견과 겁재는 건강함이며, 일을 열심히 하는 체력이다. 그러나 비겁이 편재에게 좋게 작용하려면 식상이 있어야 좋다. 비겁의 건강한 힘으로, 식상의 활동력을 이용해서, 그 결과 재성이라는 돈을 손에 쥘 수 있다. 이처럼 편재는 어느 십성과도 잘 어울린다.

13. 편관의 짝꿍

　편관(偏官)은 정관보다 심하게 비견과 겁재를 제압한다. 정관이 합리적으로 비겁을 제압한다면, 편관은 강압적으로 제압한다. 한 개의 비견과 겁재는 내 편, 내 조력자이지만, 비겁이 네 개 이상이면 관성이 비겁을 제압해야 비겁이 좋은 쪽으로 작용 된다. 정관은 순한 통치자, 편관은 무서운 통치자로, 관성이 비겁을 제압하면 절제력과 책임감이 길러진다. 그러나 편관이 네 개 이상이고 비겁이 하나라면 비겁은 스트레스를 받아 소심해지거나 병에 걸린다. 편관이 많고 비겁이 없다면 대운이나 세운에서 편관운이 들어올 때 입원하거나 임종할 수 있다.

　사주에 비겁이 한두 개라면 편관운에 성공할 수 있고, 원하던 승진이나 권력을 쥘 수 있다. 정관은 공존하면서 비겁을 다스리고, 편관은 비겁을 완전히 제압하면서 권력을 쥔다. 정관에게 제압당한 비겁은 조직의 규율에 적응한다. 편관이 겁재를 제압하면 카리스마 있는 권력자가 되고 사회적으로 성공한다. 관성 없이 사주에 비겁이 네 개 이상이면 타인을 무시하고 자기 고집만 부리고, 인간관계도 실패하고, 돈도 벌지 못하고, 일은 열심히 해도, 알아주는 사람이 없고, 부부간에도 서로를 미워하는 마음이 크다. 비겁이 많으면 정관과 편관이 있어야 사회화될 수 있다.

 관성은 사회 질서인데, 사람이 공동체를 살려면 공동체의 윤리에 적응해야 안정적으로 먹고살 수 있다. 세상은 제멋대로 행동하면서 살 수 있는 곳이 아니다. 윗사람 말도 잘 듣고, 아랫사람과 소통 잘하고, 도덕적으로 행동해야 이익이 된다. 관성은 융화 잘하는 사회인을 만들고, 비겁은 자유주의 개성인데, 관성이 좋으면 사람들과 어울리며 살기에 관성이 길신(吉神)이다.

 관성이 월주(月柱)에 있으면 직장운과 인간 관계운이 좋다. 여자는 직업운, 남편운이 좋고, 남자는 직업운, 자식운이 좋다. 관성이 일주(日柱) 옆에 있으면 타인과 적절하게 화합하며, 규율을 잘 지킨다. 관성이 월주(月柱)나 일지(日支)에 있으면 재생관(財生官) 운에서 승진운이 좋다. 관성은 기존 질서에 순응하는 능력으로 관성이 월주에 뿌리가 굳건하면 그 사주는 자기 분수에 맞게 노력하고, 사회에서 성공할 수 있다.

 편관은 정관보다 강압적으로 비겁을 다스린다. 사주에 비겁이 두 개 정도 있어야, 관성의 제압을 잘 버티며 건강한 사회인이 될 수 있다. 편관은 절제하고 양보하며 타인을 위해 희생한다. 편관은 스타성이 있고, 리더 기질이 있고, 명분 앞에서 목숨을 내놓는 용기가 있다. 편관으로 조절된 비겁은 겸손함과 의리가 있다. 그러나 편관이 네 개 이상이고 비겁이 하나라면 그 비겁이 완전히 힘을 잃어서 겁이 많고, 신경성 질병에 시달릴 수 있다. 이럴 때는 편관을 제어할 식상(食傷)이 있어야 한다. 식상으로 제압당한 편관은 순한 통치자가 된다. 식신은 실력으로, 상관은 언변과 힘으로 편관을 제압한다. 식신과 상관에게 제압당한 편관은 합리적 권력으로 작용한다. 그래서 편관의 짝꿍은 식상이다.

상관(傷官)이 편관을 제압할 때는 큰 싸움이 일어난다. 편관이 상관에게 제압당하면 직장을 잃거나, 부부가 이별하거나, 변화변동이 있다. 상관이 편관을 다스릴 때는 둘 다 치열하게 싸우지만, 결국은 편관이 패배한다. 패배당한 편관은 순해져서 비겁을 다스릴 수 없고, 뿔난 비겁이 상관을 생(生)하면, 그 사주는 독불장군이 되어 사회에서 도태당할 수 있다. 상관과 편관이 싸우면 자기파괴가 일어나기에 식상보다는 인성으로 편관을 다스리는 게 더 좋다. 식상이 네 개 이상이면 관성이 힘을 발휘하지 못하기에, 프리랜서나 자영업을 하고, 여자의 경우 남편운이 약하고, 남자의 경우 조직 생활을 못 한다.

편관의 가장 좋은 짝꿍은 인성(印星)이다. 편관이 인성을 만나면 살인상생(殺印相生)을 한다. 살인상생은 조직에서 권력을 쥐고 전문적인 일을 한다. 편관이 인성을 만나면 비겁을 제압하는 게 아니라 인성을 생해서 비겁을 돕는다. 편관이 인성을 보면 실력 있는 인재로 변한다. 사주 월주(月柱)가 편관이면 년주(年柱)에 인성(印星)이 있어서 관인상생을 하면 좋다. 관성은 규율로, 인성은 윗사람의 인정으로 작용하기에 어린 시절 평탄하게 자라며 사회성이 좋게 발달한다. 편관에게는 인성이 가장 좋은 짝꿍이고, 그다음이 식상이다.

14. 편인의 짝꿍

편인(偏印)은 지식, 정보, 임기응변, 계모, 부동산이다. 사주에 편인이 네 개 이상이면 식상(食傷)을 극(剋)하기에 먹고사는 활동력이 약해진다. 그래서 편인을 게으르다고 하며 부정적으로 해석하지만, 요즘은 자기 계발을 쉬지 않는 시대라서 편인도 부지런히 자기 경력을 쌓으면서 열심히 산다. 사주는 고정된 것이 아니라 시대 상황에 따라 변하기에 현대사회에서 편인은 자기만의 개성, 창조성, 창의성의 지식이 된다. 편인은 실리적이며 실제적이다.

정인(正印)이 정규학문이라면 편인은 예체능, 기능, 기술이다. 정인과 편인은 이해력, 습득력, 기억력이 좋다. 식신(食神)과 상관(傷官)이 지식을 바깥으로 표현하고 응용하는 똑똑함이라면, 정인과 편인은 지식을 습득하는 똑똑함이다.

편인은 철학, 역사, 문학 같은 인문학이나 사람의 심리에 관심이 많고, 사람을 직관적으로 판단하는 예감이 발달해 있다. 공상과 몽상도 잘하지만, 먹고살기 위한 현실적인 꾀도 있다. 편인은 하늘에서 돈이 뚝 떨어지기를 바라는 나태함도 있지만, 안분지족하며 타인을 부러워하지 않고, 자기 삶을 개성적으로 산다.

월주(月柱)가 편인이면 잔소리가 심하고 무서운 엄마에게 자란다. 정인이 다정하고 상냥한 엄마라면 편인은 불친절하고 화를 잘 내는 엄마이다. 계모 같은 엄마 밑에서 자라기에 눈치도 빠르고 계산적으로 행동하는 지성이 발달한다. 편인은 눈치껏 살아남는 지혜이며, 남이 시키는 대로 살기보다는 자기 주관으로 산다. 편인이 공부를 잘하면 철학자, 작가, 프로듀서, 기획자, 창조자 일을 잘할 수 있다.

편인의 부정적인 측면은 시작은 잘하지만, 목표 의식이 약하고, 허무감과 우울감을 느끼고 세상을 믿지 않고, 체념을 쉽게 한다. 어떤 일을 끝까지 하기보다는 중도 포기하는 기질이 있다. 식상은 돈이라는 목표를 향해 가는데, 편인은 그런 식상의 기(氣)를 꺾기에 편인을 도식(倒食)이라고 한다. 도식은 밥그릇을 엎는다는 의미이다. 편인이 식상을 극하는 해에 직장변동, 잦은 실직, 몸이 아플 수 있다. 그리고 사주에 인성(印星)이 네 개 이상인데 대운(大運)이나 세운(世運)에서도 인성운(印星運)이 오면 뚜렷한 성과 없이 빈둥거리며 논다. 인성이 많은 사주는 학자나 연구원이 되면 금상첨화이지만, 공부하지 않았을 때는 돈을 벌기 위한 행동력은 약하다. 편인은 도인, 종교인, 잡학, 자연인, 무위도식의 기질이 있다. 편인이 많으면 조직에 적응하기 힘들며, 프리랜서나 현장직 일을 한다.

편인은 공무원이나 회사원이 되어 월급 생활을 하는 게 좋다. 월급쟁이 외에 편인이 사회에서 자영업으로 성공하려면 재성(財星)을 만나야 한다. 사주에 재성(財星)이나 관성(官星)이 있어야 편인이 사회적 목표 의식을 가지고 노력한다. 편인에게 좋은 짝꿍은 재성이다. 재성은 돈을 벌기 위해 움직이는 활동력, 부지런함, 사교성이다. 이런 재성이 편인을 극(剋)하면 편인의 지식이 발휘되어 돈을 벌게 된다. 이럴 때 편인은 지식을 상품화한다.

편인의 가장 좋은 짝꿍은 관성이다. 관성이 편인을 보면 관인상생(官印相生)을 해서 비견인 '나'를 돕게 한다. 관성에게 생(生)을 받는 편인은 사회적 규율을 잘 지키며, 조직에 적응하며, 학자, 연구원, 의사, 약사, 발명가, 기획자로 이름을 날릴 수 있다. 관성은 사회적 명예이며 지위이기에 그런 관성이 편인을 생(生)해주면, 편인은 정보와 지식을 객관화하는 능력을 발휘한다. 월주(月柱) 편인이고 년주(年柱)가 관성이면 윗사람에게 인정받으며, 자기 연구 실적을 세상 밖으로 내놓을 수 있다. 관성의 생을 받는 편인은 식상(활동력)을 극하지 않고, 비겁을 생하고, 비겁은 식상을 생해서 사주가 순리적으로 순환하게 한다.

사주는 먹고사는 능력, 돈 운, '내'가 잘할 수 있는 '내' 재능을 알려준다. 사주에 편인이 네 개 이상이면 편재나 정재운이 들어와야 편인이 쓸모 있게 된다. 사주에 관성이 있어서 편인을 생해주면 공부도 잘하고 건강한 사회인이 될 수 있다. 관성은 주어진 사회에 적응하는 능력, 일, 직장, 보호자이다. 관성과 편인이 관인상생을 하면 관리직, 사무직으로 일할 수 있다. 편인에게 가장 좋은 짝꿍은 재성이고, 그 다음이 관성이다.

15. 사주와 삼재

　삼재(三災)는 전쟁, 질병, 기근, 홍수, 화재, 태풍, 죽음, 실패를 말한다. 삼재는 12년마다 3년간 나쁜 일을 겪는다는 신살(神煞)이기에 사람들이 무서워한다. 하지만 삼재는 맞지 않는다. 삼재가 맞았다면 사람은 60세까지 살기도 힘들다. 12년마다 3년씩 시련을 겪는 살(煞)인데, 60년 기준으로 보면, 15년간 죽을 고통을 겪는다는 의미이다. 그렇게 고생하면 사람이 살아지겠는가.

　요즘처럼 의학이 발달한 시대는 삼재가 더 맞지 않는다. 삼재는 과학이 발전하기 전, 농경시대 때 완성된 이론으로, 병원도 없고, 자연재해에 속수무책으로 당하며, 전쟁과 기근이 잦았던 시대의 신살론(神煞論)이기에 과학기술이 발달한 현대사회와 맞지 않는다.

　삼재는 재앙이 3년 동안 연속된다는 의미로 당나라 때 완성된 신살(神煞)이다. 신자진(申子辰) 띠로 태어난 사람은 신금(申金)과 충(沖)이 되는 인목(寅木)을 시작으로 인묘진(寅卯辰) 3년을 삼재라고 한다.

신자진(원숭이, 쥐, 용) 띠로 태어난 사람은 인묘진(호랑이, 토끼, 용의 해) 3년 동안 되는 일이 없다는 말이다. 정말 그럴까. 원숭이띠 신금(申金)에 호랑이띠 인목(寅木)이 오면 인신충(寅申沖)을 한다. 충을 하면 일, 돈, 사람에 관련된 문제가 발생한다. 사주에 따라 충은 다르게 전개되지만, 신금이 인목을 부러뜨린다. 인목에 해당하는 뼈, 관절, 머리, 간, 담이 약해질 수 있다. 그러나 충한다고 해서 사주 전체가 나쁜 방향으로 흐르는 것은 아니다. 충은 사주에 따라 긍정적인 역할도 한다.

쥐띠 자수(子水)에 인목(寅木)이 온다면 삼재로 작용하기보다는 수생목(水生木)이 되기에 쥐띠에게 인묘진(寅卯辰) 3년간에 나쁜 일이 생긴다고 볼 수 없다. 자수생인목(子水生寅木)은 상관(傷官)으로 새로운 일을 하거나 직장변동이나 이사 같은 쪽으로 발현된다. 용띠 진토(辰土)에게 인묘진 삼재 운이 온다면 진토는 인묘진(寅卯辰) 방합으로 움직이거나, 혹은 목극토(木剋土) 당할 수 있지만, 진토는 나무를 잘 키우는 땅이기에 용띠가 인묘진 3년 동안 나쁜 일이 일어나는 건 아니다.

삼재라고 해서 삼재 고사를 지낸다거나 재앙을 막는다는 부적을 쓸 필요가 없다. 해묘미(亥卯未) 띠는 해수(亥水)와 충하는 사오미(巳午未) 3년이 삼재라고 하지만, 돼지띠 해수(亥水)에게 뱀띠 사화(巳火)는 충(沖)을 할 뿐이다. 토끼띠 묘목(卯木)에게 사화(巳火)와 오화(午火)는 목생화를 하고, 양띠 미토(未土)에게 사오미 3년은 방합을 한다. 이렇게 해석하면 인신사해(寅申巳亥)끼리 첫해만 충을 하지, 나머지 2년은 생이나 합을 한다. 그리고 충을 할 때 어떤 사주는 충이 발생하는 해에 발전하고 새롭게 혁신의 기운을 맞이할 수 있다.

인오술(寅午戌) 띠는 신유술(申酉戌) 3년이 삼재이고, 사유축(巳酉丑) 띠는 해자축(亥子丑) 3년이 삼재이다. 인목(寅木)과 신금(申金)이 충하고, 사화(巳火)와 해수(亥水)가 충(沖)한다는 의미만 있지, 3년 내내 고생하는 것은 아니다. 그리고 태어난 띠를 충 하기에 그 충의 영향이 '나'에게 작용 되는 것은 아니다. '나'는 태어난 띠(年)가 아니라 날(日)이기 때문이다. 태어난 띠 자리는 조상 자리, 혹은 내가 속한 사회나 조직이다. 내가 속한 사회나 조직에서 스트레스 거리가 있는 정도이다.

삼재는 명리학에서 취급하지 않는다. 명리학의 근간은 일간(내가 태어난 날)을 기준으로 천간은 생극제화(生剋制化)를 하고, 지지(地支)는 합형충파해(合刑沖破害)로 움직인다. 삼재는 띠 기준으로 재앙을 논하는 이론이다. 삼재 기간에 건강, 돈, 일의 문제가 있겠지만 걱정할 필요는 없다. 사주에서 가장 중요한 기둥은 내가 태어난 날, 일주(日柱)이기 때문이다. 내가 태어난 일간(日干)은 갑을병정무기경신임계(甲乙丙丁戊己庚辛壬癸) 중 하나이며, 삼재는 천간이 아니라 지지와 관련된 신살이다.

지지, 자축인묘진사오미신유술해(子丑寅卯辰巳午未申酉戌亥)는 서로 합형충파해 하면서 자기 본질을 숨기거나 사라지거나 합하거나 돌출하면서 끊임없이 작용한다. 어떤 글자가 들어오느냐에 따라 다른 모습으로 변질하면서 변화, 발전, 사멸, 순환한다. 인신사해(寅申巳亥) 띠만 삼재 첫해에 운전조심, 음식조심, 감기조심처럼 조심하면 된다.

16. 사주와 운의 상호 작용

갑을목(甲乙木)은 위로 뻗으며 하고 싶은 일을 성취하는 의지력이 강하다. 병정화(丙丁火)는 밝고 따스한 빛으로 생명체를 돌보는 힘과 지배력이 있다. 무기토(戊己土)는 땅에서 생명을 살리고 기르는 일을 한다. 경신금(庚辛金)은 갑을목이 만든 열매나 씨앗으로 없앨 것은 없애고, 지킬 것은 지킨다. 임계수(壬癸水)는 열매나 씨앗을 보호하고 키우며 이듬해 봄을 기다리며 겨울을 인내하는 역할을 한다. 이렇게 갑을병정무기경신임계는 각각의 역할이 있지만, 어떤 운이 들어오느냐에 따라 역할이 달라진다.

갑을목 나무는 병정화의 따뜻한 기운을 받아야 잘 자라고, 병정화는 갑을목이 있어야 불이 잘 타오른다. 병정화는 무기토인 대지를 따뜻하게 만들어 생명체를 살리지만, 생명체 하나 없는 무기토에 내리쪼이는 병정화는 사막을 만든다. 그렇기에 병정화는 무기토에서 자라는 갑을목이 있어야 가치가 더 올라간다. 무기토는 땅속에 있는 경신금을 보호하고, 경신금은 무기토가 움직이지 않게 땅속을 단단히 잡아준다. 경신금은 임계수를 깨끗하게 걸러내는 매개자 역할을 하고, 임계수는 경신금을 말끔하게 빛내준다. 임계수는 갑을목이 잘 자라게 물을 공급하고, 갑을목은 임계수가 완전히 마르지 않게 나무뿌리로 물기를 잡아둔다.

반면에 갑을목은 무기토를 극(剋)해서 땅을 기름지게 하고, 병정화는 경신금을 극해서 경신금이 유용한 생활 도구가 되게 하고, 무기토는 임계수를 극해서 물길을 만들고, 경신금은 갑을목을 극해서 나무를 잘 자라게 하고, 임계수는 병정화를 극해서 불을 이롭게 사용한다. 사주는 이렇게 생(生)하거나 극(剋)하면서 살아남는다. 인간도 어떨 때는 화합하고, 어떨 때는 부딪치듯이 생함만 있어도 좋은 건 아니고, 극함만 있어도 나쁜 건 아니다. 생함과 극함이 적절해야 사주팔자가 건강하다. 이런 원리가 사주의 생극제화(生剋制化)이다.

사주(四柱)는 팔자(八字)와 대운(大運), 세운(歲運), 월운(月運), 일진(日辰)이 상호 영향을 받으며 순환한다. 글자 한 자(字)만 바뀌어도 팔자 전체가 변한다. 똑같은 날 태어났어도 같은 삶을 사는 건 아니다. 자기가 속한 사회경제적 조건에 따라 사주팔자가 달라진다. 부자의 시공간과 빈자의 시공간이 다르듯이 똑같은 사주도 처한 시공간에 따라 다르게 변한다.

이사, 결혼, 개업, 등 무슨 일을 하려면 일진을 보는데, 일진이 좋은 날은 삼합(三合), 육합(六合), 생(生), 왕(旺)한 날이다. 정인, 식신, 정재, 정관, 비견 날도 좋은 날이다. 반면에 형충파해(刑沖破害)가 되는 날, 겁재, 상관, 편재, 편관, 편인 날은 돈, 사람, 건강, 운전을 조심해야 한다. 건강운, 활동운, 돈운, 관직운, 명예운도 일진에 따라 변한다. 대운(大運)은 10년간, 세운(歲運)은 1년간, 월운(月運)은 한 달간, 일운(日運)은 하루를, 시운(時運)은 두 시간 단위로 팔자를 움직인다. 사주는 고정되어 있어도, 들어오는 운에 따라 부딪치며 조화하며 다르게 나아간다. 사람도 만나는 사람에 따라 상황과 심리가 달라지듯이 사주도 운에 따라 공생하거나 경쟁하면서 달라진다. 공생은 생(生)이나 합(合)이고, 경쟁은 극(剋)이나 충(沖)이다. 먹고살려면 화합도 해야 하고, 갈등도 겪어야 하듯이 팔자는 화합이나 경쟁으로 움직인다.

사주를 물어보는 사람은 구체적으로 묻는다. 합격할지 떨어질지, 결혼할지 말지, 인연이 있는지 없는지, 돈이 들어올지 말지, 한국에 있어야 할지 외국에 살아야 할지, 부동산을 살지 말지, 주식이나 비트코인에 투자할지 말지를 물어본다. 이런 이분법적인 문제에 대해서 하나만 선택해서 말해주기를 바란다. 말해줄 수는 있지만 딱 맞는 건 아니고 확률적으로 예측할 수 있다.

건강한 사주는 갑을병정무기경신임계가 골고루 있는 사주이다. 오행(목, 화, 토, 금, 수)과 음양이 조화된 사주이다. 이런 사주를 중화되었다고 하고, 중화된 사주는 살기 편하다. 사주가 춥거나, 덥거나, 한쪽 오행으로만 치중되어 있다면, 그 사주는 스트레스가 많다. 너무 추우면 더운 글자(갑을병정무) 운이 좋고, 너무 더우면 추운 글자(기경신임계) 운이 좋다. 한쪽 오행으로 치우쳐 있으면 기운을 빼는 글자가 좋다. 이렇게 사주는 인간관계처럼 운에서 들어오는 글자들과 상호 협력하거나 갈등하면서 살아남는다.

17. 지지(地支)의 형상

　지지(地支)는 천간(天干) 아래 위치하는 자축인묘진사오미신유술해(子丑寅卯辰巳午未申酉戌亥)이다. 양력으로 자는 12월, 축은 1월, 인은 2월, 묘는 3월, 진은 4월, 사는 5월, 오는 6월, 미는 7월, 신은 8월, 유는 9월, 술은 10월, 해는 11월이다. 인묘진 3개월이 봄, 사오미 3개월이 여름, 신유술 3개월이 가을, 해자축 3개월이 겨울이다.
　인월(寅月)에 입춘과 우수가 있고, 묘월(卯月)에 경칩, 춘분이 있고, 진월(辰月)에 청명과 곡우가 있다. 인월이 봄을 열고 묘월이 봄을 키우고 진월이 봄을 마무리한다. 사월(巳月)에 입하와 소만이 있고, 오월(午月)에 망종과 하지가 있고, 미월(未月)에 소서와 대서가 있다. 사월이 여름을 열고 오월이 여름을 키우고 미월이 여름을 마무리한다. 신월(申月)에 입추와 처서가 있고, 유월(酉月)에 백로와 추분이 있고, 술월(戌月)에 한로와 상강이 있다. 해월(亥月)에 입동과 소설이 있고, 자월(子月)에 대설과 동지가 있고, 축월(丑月)이 겨울 끝자락으로 소한과 대한이 있다. 지지는 24절기에 맞춰 계절을 시작하고 완성하고 마무리한다.

　계절을 시작하는 기운은 인사신해(寅巳申亥)로 양기운(陽氣運)이 넘친다. 양기운은 활발하고 활동성이 있다. 인목(寅木)의 지장간(支藏干:지지 속의 천간)에 무병갑(戊丙甲)의 형상은 '햇살 받으며 나무가 산에서 잘 자라고 있는 모습'이다. 사화(巳火)의 지장간은 무경병(戊庚丙)으로 '단단한 바위산에 햇살이 내리쪼이는 형상'이다. 신금(申金)의 지장간은 무임경(戊壬庚)으로 '산속의 저수지를 막고 있는 댐'의 형상이다. 해수(亥水)의 지장간은 무갑임(戊甲壬)으로 '촉촉하게 잘 자라고 있는 산속의 나무'이다. 인사신해는 서로 충(沖)하거나 해(害)한다. 인사신해는 시작의 기운으로 힘차게 앞으로 나아가는 의지력이 있다. 인목과 신금이 충하면 인목이 다치기도 하지만, 무성한 나무가 가지치기를 당하기에 나무가 더 잘 자랄 수 있다. 사화와 해수가 충하면 사화가 다치지만, 태양 빛이 비친 바닷물은 화려하고 아름답다. 인목과 해수는 합을 하여 나무가 잘 자란다. 사화와 신금은 형(刑)을 하지만, 화극금(火剋金)으로 금을 유용하게 다듬는다. 인목과 사화도 형(刑)을 하지만, 목생화 하면서 생(生)을 하기도 한다.

　자묘오유(子卯午酉)는 음기운(陰氣運)이다. 자수는 겨울, 묘목은 봄, 오화는 여름, 유금은 가을로 자묘오유는 각 계절의 본기(本氣)이다. 자수의 지장간은 임계(壬癸) 물이고, 묘목은 갑을(甲乙) 나무이고, 오화는 병기정(丙己丁) 불이며, 유금은 경신(庚辛) 금 기운이다. 자묘오유는 하나의 기운으로 구성되어 있기에 잘 변형하지 않으며, 다른 기운을 만나면 자기 편으로 만드는 도화살이 있다. 도화살은 인기

살(煞)로 사람을 끌어들이는 매력이다. 예를 들어 신금이 자수를 만나면 신자(申子) 합수(合水)가 되어, 신금의 성질이 자수로 변한다. 해수가 묘목을 만나면 해묘(亥卯) 합목(合木)이 되어, 해수가 자기 성질을 버리고 묘목의 성질로 화합한다. 술토가 오화를 만나면 술오(戌午) 합화(合火)가 되고, 축토가 유금을 만나면 축유(丑酉) 합금(合金)이 된다. 이렇게 자묘오유는 인사신해나 진미술축의 기운을 자기 기운으로 합해버린다. 이런 모습이 도화살이다.

진미술축(辰未戌丑)은 각 계절을 마무리하고, 다음 계절로 넘어가는 매개자 역할을 한다. 진토는 봄과 여름을, 미토는 여름과 가을을, 술토는 가을와 겨울을, 축토는 겨울과 봄을 매개한다. 진미술축 본연의 기운은 토(土) 기운인데, 자묘오유를 만나면 자묘오유의 기운으로 바뀐다. 진토가 인묘진을 만나면 목기운으로 변하고, 신자진을 만나면 수기운이 된다. 미토는 사오미 방합이면 화기운이 되고, 해묘미 삼합이면 목기운으로 변한다. 술토는 신유술 방합이면 금기운으로, 인오술 삼합이면 화기운으로 변한다. 축토는 해자축 방합이면 물기운으로, 사유축 삼합이면 금기운이 된다. 이렇게 진미술축은 제 역할 외에 다른 기운으로 변질하기를 잘한다. 그래서 토기운을 중화의 기운이라고 한다. 진미술축은 토라는 본연의 기운 외에 두 가지 기운을 더 가지고 있다. 어떤 글자를 만나느냐에 따라 자기 본연의 기운을 버리고, 다른 글자의 기운으로 변질하는 유연성이 있다. 진미술축은 변화무쌍하기에 백호살, 괴강살로 작용하며, 백호살이나 괴강살은 우두머리 기질이기에 사고수를 조심해야 한다.

18. 사주와 불확정성

사주는 운동하고 변화하고 생성하고 소멸한다. 사주 해석은 양자역학처럼 불확정적이다. 불확정성은 어떤 입자든 위치와 운동량을 동시에 정확하게 측정할 수 없다는 이론으로, 모든 사건과 사상이 확실하게 결정되어 있지 않다는 이론이다. 주변 상황이나 기류에 따라 상황이 달라진다는 이론이다.

사주학에 통달했어도, 오늘 어떤 일이 일어날지 정확하게 알 수 없고, 확률처럼 추측할 수 있을 뿐이다. 예를 들어 갑인(甲寅) 일주(日柱)인데, 오늘이 '2021년 5월 12일 16시'라면 '신축년, 계사월, 경신일, 갑신시'가 되는데, 이날은 금(金)기운이 많은 날로, 갑인 일주는 금극목(金剋木)으로 스트레스를 받는다. 그러나 사주에 화(火)기운이 많으면 화극금(火剋金) 하기에 이날 무탈하게 지나간다. 이런 식으로 사주는 일진에 따라 상호작용한다.

사주 해석의 기본은 생극제화(生剋制化), 합형충파해(合刑沖破害)

이다. 생은 살리고, 극은 억압하고, 제는 다스리고, 화는 변한다. 합은 화합하고, 형은 부딪치고, 충은 깨지고, 파는 찢어지고, 해는 상처 입는다. 좋은 글자를 극제화(剋制化)하면 힘들고, 나쁜 글자를 생(生)하면 힘들다. 좋은 글자를 합(合)하면 힘들고, 나쁜 글자를 형충파해(刑沖破害)하면 좋아진다. 생과 합이 항상 좋은 것만도 아니고, 극제화나 형충파해가 항상 나쁜 것만도 아니다.

물방울 하나가, 혹은 나비의 가벼운 날갯짓이 대기의 기후를 바꾸듯이, 사주팔자도 일진에 따라서 바뀐다. 일진은 오늘의 천간과 지지로서 일(日)은 천간이고, 진(辰)은 지지이다. 사주는 오늘 내가 만나는 사람의 사주와 부딪쳐, 생극제화나 합형충파해를 한다. 나와 조화되는 사주가 있고, 나와 부딪치는 사주가 있다. 그래서 사람들은 궁합(宮合)을 본다. 궁합은 각각의 궁에 있는 글자끼리 생극제화, 합형충파해를 보는 것이다. 궁에는 연주(年柱), 월주(月柱), 일주(日柱), 시주(時柱)가 있다. 연주는 태어난 해, 월주는 태어난 달, 일주는 태어난 날, 시주는 태어난 시간이다. 각각의 주(柱)끼리 합(合)이 들어 있으면 궁합이 좋다고 본다. 합은 내 생각과 상대방의 생각이 맞아떨어지기에 자기 고집을 피우지 않고 화합한다.

내가 계묘(癸卯) 일주인데, 무술(戊戌) 일주의 사람을 만나면 그날은 운이 좋게 풀린다. 천간에서 무계합(戊癸合)이, 지지에서 묘술합(卯戌合)이 일어나고, 무계합화(戊癸合火), 묘술합화(卯戌合火)는 화(火) 기운을 만들고, 화(火) 기운이 필요한 사주라면 그날의 운세는 좋게 작용한다. 그러나 사주에 화 기운이 많은데, 무계(戊癸) 합화(合火)까지 일어나서 화(火) 기운이 많아지면 좋지 않다. 사주는 어느 한 오행으로 치우치기보다는 오행이 중화되는 게 좋다.

내가 갑인(甲寅) 일주(日柱)인데, 경신(庚申) 일주의 사람을 만나면, 갑경충, 인신충이 일어나서 갑인 나무가 경신 금(金)에게 금극목을 당한다. 그런데 만난 날의 일진(日辰)이 갑인(甲寅) 일이면, 갑경충(甲庚沖), 인신충(寅申沖)에서 갑인 일주가 경신 일주에게 무조건 당하는 건 아니다. 일진 갑인이 갑인 일주를 도와서, 경신의 힘을 누그러뜨릴 수 있다. 갑경충, 인신충 한다고 해서 갑인 나무(木)가 경신 금(金)에게 항상 극을 당하는 건 아니다. 일진 글자에 따라서 갑인도 경신과 맞서 싸울 수 있다. 이런 식으로 사주는 어떤 사람을 만나느냐, 혹은 어떤 일진이 들어오느냐에 따라 다르게 작용한다. 사람과 사람, 사람과 일진이 마주치면서 사주가 변한다.

이런 원리가 불확정성 원리이다. 타고난 생년월일시(生年月日時)가 어떤 사람, 어떤 일진을 만나는지에 따라서 합이든 극이든 다른 모습으로 변하기에 어떤 사주학자도 정확하게 사주를 예측할 수 없다. 그래서 사주팔자를 정해진 양 해석하면 안 된다. 바람의 방향에 따라 나무도 나이테를 다르게 만들 듯이, 햇살의 방향에 따라 꽃의 방향이 다르게 피어나듯이, 사주도 만나는 사람이나 일진에 따라 변한다.

사주에 묘지(墓支)가 있다. 묘지가 들어온 날(日)이나 해(年)에는 병이 들거나, 일이 정체되거나, 임종할 수 있지만, 어떤 의사, 어떤 병원을 만나느냐에 따라 병이 나을 수도 있고, 더 건강해질 수 있다. 묘지가 들어온 날이라고 해서 나쁘게만 작용하지 않는다. 사주는 주어진 조건이 같아도 만남의 인연(因緣)이 다르면 다르게 변한다. 사주는 확정된 게 아니다.

19. 사주와 복(福)

　사주팔자는 음양오행이 전부이다. 음양은 밤과 낮, 달과 해, 여성과 남성, 어둠과 밝음, 월요일과 일요일이다. 음(陰)은 어둡고 무겁고 차가운 기운이고, 양(陽)은 밝고 가볍고 따뜻한 기운이다. 천간 갑을병정무기경신임계에서 갑병무경임(甲丙戊庚壬)이 양기운이다. 을정기신계(乙丁己辛癸)는 음기운이다. 음양은 순리적으로 순환한다. 양 다음에 음이 오고, 음 다음에 양이 온다. 음양은 똑같이 평등하게 가치가 있다.

　목화토금수(木火土金水)가 오행이며, 각각은 음양이 있다. 갑목은 큰나무라서 양이고, 을목은 작은 꽃나무라서 음이다. 큰나무(갑목)와 작은나무(을목)가 함께 있어야 풍경이 아름답다. 낮(병화)이 지나면 밤(정화)이 오는 게 순리이다. 큰산(무토) 아래에 논밭(기토)이 대지(大地)로 이어지고, 큰금(경금)이 세공되어서 보석(신금)이 된다. 큰바다(임수)의 순환운동으로 비(계수)가 내린다. 이렇게 오행(목화토

금수)은 음양으로 나뉘고, 큰 오행은 양이고, 작은 오행은 음이다.

 병화는 하늘에 뜬 태양이라서 양이고, 정화는 밤하늘을 비추는 달이라서 음이다. 무토는 지상에서 솟은 산이라 양이고, 기토는 농사짓는 작물을 키우거나 집을 짓는 땅이라서 음이다. 경금은 산속의 금덩어리, 위로 솟은 바위라서 양이고, 신금은 금속, 돌, 칼, 쇠라서 음이다. 임수는 거대한 바닷물이라서 양이고, 계수는 대지와 생명을 살리는 물줄기라서 음이다.

 음양오행은 달력의 일주일을 나타낸다. 월요일은 음(陰), 화요일은 화(火), 수요일은 물(水), 목요일은 나무(木), 금요일은 쇠(金), 토요일은 흙(土), 일요일은 양(陽)이다. 음양오행은 지구상의 모든 생명체가 살아가는 시공간이다. 음양오행이 조화된 사주는 복 있는 사주다. 복에는 재능복, 돈복, 관복, 명예복, 건강복이 있다. 재능복은 식상(食傷), 돈복은 재성(財星), 관복은 관성(官星), 명예복은 인성(印星), 건강복은 비겁(比劫)이다. 넓게 보면 사주도 오복(五福)으로 설명될 수 있다.

 복 있는 삶은 건강(비겁)하게 일(식상)하며, 근면(재성)하게 자기 관리(관성)하며, 사람들과 다정하게 지내는 삶(인성)이다. 건강과 일과 수입과 직장과 친구는 행복하게 살기 위한 필요조건이다. 이렇게 오복을 다 가지고 있는 사주는 드물어도 대부분 사주에는 두 개 이상의 복이 들어 있다. 꼭 필요한 두 개의 복은 인성(배우기)과 식상(생활력)이다. 인성(印星)은 세상의 지식과 지혜를 배우는 능력이고, 식상(食傷)은 일하는 활동력이다. 배우고 일한다면 큰 부자는 아니더라도 행복할 수 있는 조건이 된다. 인성과 식상은 소박하며, 타인들과 친절하고 상냥하게 지낸다. 인성이 비견('나')을 돕고 비견('나')이 식상을 살리면 주관적인 행복감이 높다. 인생은 배우고(인성), 관계 맺고(비겁), 일하는 게(식상) 다일지도 모른다. 인성(印星)과 식상(食傷)과 비겁(比劫)이 있고, 음양(陰陽)이 조화되어 있으면 복 있는 사주이다.

돈복과 명예복이 있으려면 재성(財星)과 관성(官星)이 좋고, 음양오행이 조화되어야 한다. 재성과 관성은 사회생활을 잘하는 능력으로 목적 지향적이다. 재성은 식상(노력)의 결과물로 재물, 소유물, 돈이다. 그런데 사주에 재성이 너무 많으면 재다신약(財多身弱)이라서 몸만 아프지 돈이 많지 않다. 재다신약 사주라면 인성(印星)이 있어서 비겁을 생(生)해야 사주가 중화된다. 재성은 천간에 있는 것도 좋고, 지장간(地藏干)에 있는 것도 좋고, 묘지(墓支)인 진술축미(辰戌丑未) 속에 있어도 좋다. 재다신약만 아니면 재성은 사주에서 좋게 작용한다.

관성은 조직 적응 능력이며 화합력이다. 그러나 관성도 너무 많으면 관다신약(官多身弱)이라서 병에 걸리거나 일에 치여 살거나 심신미약이 될 수 있다. 관성이 네 개 이상이면 사주에 식상이나 인성이 있어야 관성이 좋게 작용한다. 여성 사주에 관성이 좋으면 남편복이 있고, 남성 사주에 재성이 좋으면 아내복이 있다.

인성은 윗사람에게 인정받는 복이다. 인성은 관성(윗사람)을 보호하기에 인성은 관성이 있어야 제대로 쓰인다. 인성이 관인상생(官印相生)을 하고 사주가 음양이 조화되면 직장복과 명예복이 좋다. 직장이 좋고 직위가 있으면 사는 일이 즐겁다. 이렇게 십성(비겁, 식상, 재성, 관성, 인성)도 음양오행이 중화되어야 복으로 작용한다.

20. 십간(十干)과 십성(十星)의 상징

　십간(十干)은 갑을병정무기경신임계이고, 십성(十星)은 비견, 겁재, 식신, 상관, 정재, 편재, 정관, 편관, 정인, 편인이다. 갑을목(甲乙木)은 나무, 근골, 목재, 가구, 옷, 장식, 원예이다. 갑목(甲木)은 양(陽)으로 간, 우레, 머리, 눈썹, 털, 팔, 신경이다. 을목(乙木)은 음(陰)으로 바람, 묘목, 꽃, 목, 척추, 손목, 발목, 담이다. 사주에서 갑을목이 경신금에게 극(剋) 당하고 있으면 만성두통이 있고, 관절과 뼈가 약하고, 일을 밀고 나가는 추진력이 약하다. 경신금을 극(剋) 하는 병정화가 있으면 좋다.
　병정화(丙丁火)는 혈류, 조명, 연예, 요리, 장식품, 문학, 학술, 사상, 작가, 영화, 출판, 정치이다. 병화(丙火)는 양(陽)으로 태양, 영상, 연출, 전기, 신경, 대뇌, 혈압, 어깨, 소장이다. 정화(丁火)는 음(陰)으로 별, 등불, 문명, 과학, 문화, 의술, 종교, 심장, 혈관이다. 사주에서 병정화가 임계수에게 극을 받고 있으면 심장이나 혈관계가 약해질 수 있기에 갑을목이 있으면 좋다. 갑을목과 병정화는 함께 있는 게 좋다. 사주에 병정화가 6개 이상이면, 심장병, 뇌출혈, 암, 화병을 조심해야 한다.

무기토(戊己土)는 근육, 토지, 농축산업, 건축, 중개인, 공무원이다. 무토(戊土)는 양(陽)으로 노을, 산, 제방, 성벽, 정부, 부동산, 창고, 사원, 위장, 살이다. 기토(己土)는 음(陰)으로 전원, 들판, 의류, 목축, 과일, 피부, 췌장이다. 사주에서 갑을목이 무기토를 극(剋) 하고 있으면 소화기계가 약하고 근육이 부실하다. 무기토를 도와주는 병정화가 필요하다. 병정화와 무기토는 함께 있어야 좋다. 병정화의 따뜻한 기운이 무기토인 토양을 영양가 있게 만든다.

경신금(庚辛金)은 어깨, 코, 치아, 무술, 법무부, 교통, 벌목, 기계를 나타낸다. 경금(庚金)은 양(陽)으로 달, 금속, 광물, 금융, 검경, 차, 병원, 골격, 폐, 치아, 목소리이다. 신금(辛金)은 음(陰)으로 서리, 보석, 가위, 칼날, 의약품, 정밀기계, 법률, 기관지, 귀, 근골이다. 사주에서 경신금이 강하면 자존심이 강하다. 자존심이 강하면 사회생활에서 화합력이 약하고, 자기 마음대로 되지 않을 때는 고집을 피우다가 외로워진다. 경신금을 극(剋) 하는 병정화가 있어야 경신금이 좋은 역할을 한다. 혹은 경신금의 기운을 빼내는 임계수가 있어야 좋다. 사주에서 경신금이 약하거나 강하면 폐와 대장에 병이 생길 수 있다.

임계수(壬癸水)는 생식기, 선박, 항해, 수산업, 냉동, 역마, 의사, 약사, 간호사, 소방이다. 임수(壬水)는 양(陽)으로 바다, 호수, 강, 무역, 석유, 입, 방광, 혈액, 순환계이다. 계수(癸水)는 음(陰)으로 비, 눈(雪), 이슬, 서리, 지식, 신장, 눈동자, 골수, 뇌이다. 임계수가 무기토에게 극(剋)당하고 있으면 피부염, 혈액순환, 어지럼증, 시력이 약하다. 임계수는 물이라서 순환해야 하는데, 무기토가 막으면 물이 막혀 대사성 질병에 걸릴 수 있다. 이럴 때는 경신금으로 무기토의 기운을 빼고 임계수를 생(生) 해야 좋다.

갑을병정무기경신임계는 생극제화(生剋制化) 운동을 한다. 생(生)은 식상(食傷), 극(剋)은 재성(財星), 제(制)는 관성(官星), 화(化)는 인성(印星)이다. 생(生)은 자기 기운을 바깥으로 빼내는 생활력과 활동력이다. 극(剋)은 소유물을 취하는 힘으로 지배력과 통제력이다. 제(制)는 다스림을 당하는 일로 질서와 규범으로 자기를 조정하는 능력이다. 화(化)는 사회화되어 사람들과 잘 지내는 화합력으로 타인에게 인정받고 타인을 인정하는 능력이다. 생(生)과 화(化)는 힘이 덜 들고, 극(剋)과 제(制)는 힘이 많이 든다.

단편적으로 직업분류를 한다면, 비견은 운동선수, 중개업, 장사꾼, 기술자, 노동자이다. 겁재는 운동선수, 군인, 경찰, 주식투자자, 금융업이다. 식신은 학자, 교사, 의사, 약사, 자문위원, 사상가, 기자, 작가, 연예인, 예술가이다. 상관은 창조자, 예술가, 연예인, 증권인, 평론가, 비평가이다. 정재는 회사원, 공무원, 정규직이고, 편재는 사업가, 투자자, 무역업, 패션업, 요식업, 장사이다. 정관은 공기업, 공무원, 회사원, 정치가, 교수, 교사, 사무직이고, 편관은 군인, 검경, 소방관, 특수부대, 종교인, 교도관, 정치가이다. 정인은 교사, 보호사, 보육인, 간호사, 의사, 약사이고, 편인은 예술가, 기자, 편집자, 교수, 연구원, 자연인이다.

part 2

지(地)

쉬지 않고
움직이는
땅

21. 사주, 일지(日支)

팔자를 볼 때, 제일 먼저 일간(日干)과 일지(日支)를 본다. 일간과 일지는 내가 태어난 날로 일주(日柱)라고 한다. 일지는 일간이 뿌리 내린 자리이다. 일간이 하늘이면 일지는 땅이다. 일지 비겁(比劫)이면 독립심이 강하고, 식상(食傷)이면 생활력을 타고났고, 재성(財星)이면 일 욕심이 많고(일하면 돈이 되기에), 관성(官星)이면 조직 적응력이 강하고, 인성(印星)이면 머리가 좋다.

일지(日支)는 자기 성향이면서 배우자 자리이다. 일지 비견은 체력이 건강하며, 자립심이 있고, 사람을 좋아하고, 자기 위주의 삶을 산다. 일지 겁재(劫財)이면 운동을 잘하고, 체력과 승부 욕망과 추진력이 좋고, 우두머리 기질이 있다. 일지 비겁(比劫)이면 사람과 모임을 좋아하며 자기 즐거움을 최선으로 생각하고, 상대방보다는 자기가 제일 중요해서 배우자 운이 약하다. 배우자와 오순도순 지내기보다는 자기 위주의 취미생활을 하고, 집보다는 바깥에서 사람들과 즐기기를 좋아해서 집안일은 뒷전이다. 여자 일지 비겁이면 남자(관성)에게 극 당해서 힘들고, 남자 일지 비겁이면 여자(재성)를 극 하기에 배우자가 마음 아프다. 일지 비겁이 부정적으로 작용하면 자기 잘난 체하는 독불장군이 될 수 있다.

일지 식신(食神)이면 사랑과 동정심이 많고, 먹고 사는 생활력이 좋으며, 사람들과 잘 지낸다. 여자 일지 식신은 자식인데, 배우자 자리인 일지에 자식이 앉아 있기에 자식 위주의 결혼 생활을 하며, 남편보다 자식이 중요하다. 여자 일지 식신은 배우자인 정관을 극(剋) 하기에 남편과는 거리가 있고, 생활력이 강해서 바깥에서 돈 버는 일을 잘 한다. 남자 일지 식신이면 사랑이 많고, 식신이 재성을 식신생재(食神生財) 하기에 아내에게 잘하며, 자영업을 하거나 프리랜서 같은 자유직업에 종사한다. 식신은 먹고사는 의식주 관련 사업을 하고, 수명 복도 되기에 건강관리만 잘하면 오래 산다. 여자 일지 상관(傷官)이면 정관을 극 하기에 남편복이 약해서 결혼해도 별거하듯이 살며 남자와 인연이 멀다. 남자 일지 상관이면 정관을 극(剋) 하기에 남 밑에서 월급 받는 일보다 자기 사업을 하는 편이 낫다. 남자 일지 상관이면 자식인 관성을 극(剋) 하기에 자식이 아버지를 무서워한다. 남녀 모두 일지 상관이면 자유직업이 좋다.

일지 정재(正財)는 착실하고 부지런하다. 여자 일지 정재이면 재생관(財生官)을 하기에 남편에게 잘하고, 집안 살림 잘하고, 돈 모으는 살림꾼이다. 남자 일지 정재이면 아내에게 잘하며, 정재가 관성을 생(生) 해서 재생관(財生官) 하기에 직장 생활을 잘한다. 여자나 남자나 일지 편재(偏財)이면 일 욕심과 돈 욕심이 많아, 돈 벌려고 일을 많이 해서 몸이 아프거나 무리한 투자로 빚을 질 수 있다. 일지 편재이면 정관이 있어야 돈을 모을 수 있다.

일지 정관(正官)이면 모범적이며 성실하다. 정관은 주어진 사회에 적응하는 능력이며 조직에서 적자생존 한다. 정관은 합리적 일 처리를 하며, 주어진 일감을 착실하게 수행한다. 여자 일지 정관이면 남편에게 잘하고 직장 생활을 잘한다. 남자 일지 정관이면 직장에서 인정받으며, 성공하고 싶은 욕구가 많아 인간관계를 두루두루 잘한다. 여자 일지 편관(偏官)이면 힘든 남편과 살며, 직장 생활도 힘들고, 신경이 예민해서 체력이 약할 수 있지만, 참는 힘이 좋아 끝까지 버틴다. 남자 일지 편관이면 카리스마 있고, 직장에서 인정받으며 힘든 일을 잘 해내지만, 재성(아내)의 힘을 빼내기에 아내가 남편을 무서워할 수 있다. 남녀 모두 일지 편관이면 건강관리를 해야 한다.

일지 인성(印星)이면 공부하거나 가르치는 일을 하는 게 좋다. 인성은 몸 쓰는 일보다는 머리 쓰는 일을 잘한다. 일지 인성이 몸 쓰는 일을 하면 몸이 아프고, 한 직장에서 오래 일하지 못한다. 인성은 남녀 모두에게 어머니이기에 인성이 일지에 있으면 어머니의 그늘을 벗어나기 힘들다. 여자 일지 편인(偏印)이면 자식인 식신을 극 하기에 자식과 인연이 멀다. 남자 일지 편인이면 식신(일자리)을 극 하기에 직업변동이 심하다. 일지 인성이면 공부가 싫어도 학위를 따서 연구원이나 학교에 있는 게 좋다. 일주(日柱)는 '나'의 실체이며, 심리이다. 일지(日支)에 따라 성격도 직업도 배우자의 모습도 다르다. 꼭 맞는 건 아니지만 일지에 앉은 십성(十星)으로 정체성과 배우자 복과 직업을 예측할 수 있다.

22. 사주, 시주(時柱)

　일주(日柱)는 내가 태어난 날이고, 시주(時柱)는 내가 태어난 시간이다. 일주는 '나, 배우자, 정체성'을 나타내고, 시주는 미래의 삶이나 자식과의 관계를 알려준다. 일주와 시주가 합(合)이나 생(生) 하는 관계이면 말년이 편하다고 하지만, 꼭 그런 것만은 아니다. 사주 구성에 따라 생극제화(生剋制化)나 합형충파해(合刑沖破害)가 상호보완적으로 흘러야 좋다.

　사주 천간(天干)은 생극제화하기에 글자와 글자가 만나면 소립자 운동처럼 모습을 바꾼다. 생(生)은 식상, 화(化)는 인성이다. 생(生)과 화(化)는 화합이다. 반면에 극제(剋制)는 재성(財星)과 관성(官星)인데, 극 하거나 제압당하면서 상호 대립을 해결하는 과정이다. 사주에 극(剋) 하는 재성이 많을 때는 화(化)해주는 인성이 있어서 비겁을 도와야 재성(財星)이 돈 버는 방향으로 작용한다. 사주에 식상도 인성도 없이 재성만 많으면 돈벌이만 열심히 하지 수중에 돈이 없다. 재성만 많으면 재다신약(財多身弱)이 되기에 건강 관리를 잘해야 하며, 비겁이 있어서 식상을 생(生) 해야 건강하게 돈을 번다.

비겁은 식상을 살리고, 식상이 식상생재(食傷生財)로 흐르고, 재성이 재생관(財生官)으로 가고, 관성이 관인상생(官印相生)으로 흘러야 사주가 좋다. 그래서 지지(地支)에 비겁이 하나 있으면 좋다. 비겁은 일지(日支)보다는 연지(年支)나 시지(時支)에 있어야 좋다. 비겁이 일지(日支)에 있으면 배우자 운(運)이 좋지 않다.

시주(時柱)는 말년이기에 시주에는 정인이나 식신이나 비견이 있으면 좋다. 정인(正印)은 조력자, 부동산, 지혜로움이고, 식신(食神)은 소소한 취미생활이나 일거리이고, 비견(比肩)은 건강함과 친구이다. 말년에 먹고살 재산, 취미, 일거리, 건강한 신체, 친구가 있다면 행복 만족도가 높다. 이 중에 식신은 여자에게 자식이라서 여자 시주(時柱)에 식신이 있으면, 말년에도 자식을 뒷바라지할 수 있으나, 자식이 옆에 있기에 행복할 수 있다.

시주(時柱)에 극(剋) 하는 재성이나, 제(制)하는 관성이 있다면 건강 관리를 잘해야 한다. 시주가 극(剋) 하는 재성이면 말년에 몸이 아파도 돈벌이를 하고, 제(制)하는 관성이면 말년에도 스트레스받으며 일한다. 시주에 편재(偏財)와 편관(偏官)이 있으면 일복이 많아 노력하고 참으면서 살다가 화병에 걸릴 수 있기에 마음 관리를 잘해야 한다. 만약에 연주(年柱)나 월주(月柱)도 재성이나 관성이 있고, 시주(時柱)도 재성이나 관성이 있으면 건강 관리에 힘써야 하고, 돈이나 지위를 욕심내기보다는 도(道) 닦는 마음으로 사는 게 좋다.

사주(四柱)에 관성이 네 개 이상이면, 반드시 인성이 있어서 관인상생(官印相生)으로 흘러야 몸이 아프지 않다. 화(化)하는 인성이 제(制)하는 관성을 부드럽게 만들어 비겁을 직접 제압하지 않고, 관성이 인성을 생(生) 하면 비겁의 지위가 안정적으로 유지된다. 그래서 시주(時柱)에 정인이 있으면 좋다. 반면에 시주(時柱) 편인(偏印)은 식신(食神)을 극(剋) 하기에 좋지 않다. 식신은 먹을 복인데, 편인이 식신을 극 하면 건강이 약해진다. 시주 편인이면 근심과 의심이 많고, 신경쇠약으로 시달릴 수 있기에 물질적인 욕심보다는 영혼의 힘을 키우는 게 좋다. 정인이 객관적인 자기 합리화라면 편인은 주관적인 자기 합리화이다.

시주(時柱) 비견(比肩)이면 친구나 사람이 옆에 있기에 말년이 외롭지 않다. 그러나 시주 겁재(劫財)이면 혈육이나 지인(知人)에게 재물을 빼앗길 수 있으니 조심해야 한다. 시주 겁재이면 재산을 현금으로 가지고 있지 말고, 부동산으로 가지고 있는 게 좋다. 시주 식상(食傷)이면 자유 영혼으로 자기 취미생활이나 예술 활동을 하면서 말년을 즐겁게 보낼 수 있다. 그러나 여자 시주 상관이면 남편과 헤어질 수 있고, 남자 시주 상관이면 자식과 인연이 멀다. 상관(傷官)은 정관(正官)을 극(剋) 하기 때문이다. 여자에게 정관은 남편과 직업이고, 남자에게 정관은 자식과 직업이다. 여자 시주 정관은 남편운과 일운이 순조롭고, 남자 시주 정관은 자식과 사이가 좋으며 일운도 좋다.

사주학은 일반론이기에 구체적인 개개인에게 꼭 맞는 건 아니다. 사주 공부를 하면서 사주학을 맹신하면 안 되고, 어떤 일을 할지 말지 갈등 상황에서 선택이 어려울 때 참고만 하면 된다. 개개인의 사례에 꼭 들어맞는 이론은 어디에도 없다.

23. 사주, 연주(年柱)와 월주(月柱)

사주(四柱)는 네 개의 기둥이다. 네 개의 기둥은 연주(年柱), 월주(月柱), 일주(日柱), 시주(時柱)이다. 연주는 태어난 해로 소띠, 호랑이띠처럼 띠라고 한다. 월주는 태어난 달로 계절을 나타낸다. 일주는 태어난 날로 육십갑자(六十甲子) 중의 한 날이다. 시주는 태어난 시간으로 오전인지 오후인지 기온을 나타낸다. 각각의 주에 두 글자가 배치되기에 4*2=8자가 되며, 사주팔자(네 개의 기둥에 글자는 여덟 자)라고 한다. '사주=팔자'이다.

사주 각각의 기둥은 의미가 다르다. 연주는 태어난 해(年)로서 어린 시절, 외부 상황, 부모 환경, 신체 중 사지(四肢)를 나타낸다. 연주에 정관이나 정인이 있으면 생활 환경이 안정적이다. 연주에 겁재나 상관이 있으면 어린 시절에 고생하거나, 반항적으로 자랄 수 있고, 이혼 가정에서 자랄 수 있다. 겁재는 돈을 털리는 일이고, 상관은 관성(官星)을 극(剋) 하기에 기존 질서(관성)대로 살기보다는 이방인처럼 산다.

연주 겁재이면 경제적으로 불안하고, 편관이면 겁이 많고, 신경쇠약일 수 있다. 연주 상관이면 어린 시절부터 개성이 강하고 예술적 재능이 있으며 자기 마음대로 살려고 하는 기질을 보인다. 연주는 어린 시절로서 부모 영향력이 크게 작용하기에 연주에 상관과 겁재가 있으면 가정환경이 불안하다.

연주에 정인(正印), 정관(正官), 정재(正財)가 있으면 어린 시절 편안하게 살며, 어른들에게 인정받으며, 성실한 아이로 자란다. 정인은 학교 공부를 착실히 하고, 주변인들에게 인정받고 무난하게 자라며 습득력과 이해력이 좋다. 연주 정관은 어른 말 잘 듣고 반항심 없이 성장하는 사회성이 발달한다. 정재는 근면 성실하게 자기 할 일 해내는 실천력이다. 정인, 정관, 정재는 주변 환경에 순응하며 무난하게 사회화되며 무탈하게 자란다.

반면에 편인(偏印), 편관(偏官), 편재(偏財)가 연주에 있다면 부모 환경이 힘들고, 어린 시절에 부모가 다루기 힘든 개성을 지닐 수 있고, 자기 독립성이 발달한다. 편인은 의심이 많고 비판력이 있기에 자기 의견이 강하고, 편관은 어른들을 무서워하며 겁 많은 아이로 자라지만 나름의 카리스마가 있다. 연주가 편관이나 상관이면 개성이 강해서 학교에서 따돌림을 하거나 혹은 당하기도 한다. 부모도 학교도 친구도 무서울 수 있다. 연주 편재나 겁재는 경제적으로 불안정하다. 편재는 돈이 있을 때는 있지만, 없을 때는 빚지는 비정규적인 재물이고, 겁재는 돈 씀씀이가 큰데 돈이 없는 형국이다.

월주는 부모, 형제, 지인(知人), 어깨, 등, 척추이다. 월주는 태어난 계절이기에 성인이 될 때까지 영향을 끼친다. 사주 해석에서 연주(年

柱)보다 중요한 기준이 월주(月柱)이다. 월주는 외부적 물질적 환경으로 사는 내내 영향을 미친다. 월주 비겁(比劫)이면 신체가 건강하고 자기 의지가 강하기에 운동선수, 의약사, 대기업 직장인이 좋다. 월주 식상(食傷)이면 창조적인 일, 연구직, 의식주 관련 일이 좋다. 월주 재성(財星)이면 직장인이나 사업이 좋고, 월주 관성(官星)이면 공무원, 직장인, 검경, 교수 일이 좋다. 월주 인성(印星)이면 교육자, 연구원, 사무직 일이 좋다. 월주 십성(十星)으로 직업 운(運)과 생활 환경을 알 수 있다. 인성이면 공부하는 일을, 관성이면 직장 일을, 재성이면 금융 관련 일이나 사업을, 식상이면 요식업이나 예술가 일을, 비겁이면 운동선수나 PD 일이 좋다.

연지(年支)와 월지(月支)의 지지(地支)가 형충파해(刑沖破害) 되면 어린 시절 불안하게 자란다. 형충파해는 부딪치고 없어지고 깨지고 해로운 기운으로 변화변동이다. 지지(地支)가 형충파해 되면 지지(地支) 위에 있는 천간(天干) 글자가 흔들려서, 천간 글자가 자기 역할을 제대로 못 한다. 지지(地支) 합(合)은 안정적으로 움직이지만, 지지의 형충파해는 변화변동의 폭이 크기에 어린 시절부터 마음고생을 한다. 연지(年支)와 월지(月支)가 형충파해하고, 연간(年干)과 월간(月干)이 겁재나 상관이면 부모의 상황이 좋지 않고, 형제 사이도 흔들린다. 월지(月支)와 일지(日支)가 형충파해 되면 일찍 독립한다.

연주는 어린 시절, 사회적, 가정적 환경을 나타내고, 월주는 부모와 형제, 직업적 특성을 나타낸다. 일주는 태어난 날로 자기 정체성과 배우자 운을 나타낸다. 시주는 미래운세와 자식 운을 본다. 연월일시(年月日時) 각각의 해석 기준으로 팔자의 복합적인 관계성을 읽을 수 있다.

24. 관성(官星)의 사회적 위계

　십성(十星)은 사주 이론의 꽃으로 십성 없으면 사주를 해석할 수 없다. 십성은 비견, 겁재, 식신, 상관, 정재, 편재, 정관, 편관, 정인, 편인이다. 십성을 비겁(비견과 겁재), 식상(식신과 상관), 재성(정재와 편재), 관성(정관과 편관), 인성(정인과 편인)으로 줄여 읽기도 한다. 십성 중에서 가장 높은 위계에 있는 것이 관성이다.

　관성(官星)은 사회, 국가, 질서, 외부환경으로 비겁(比劫)을 제압한다. 비겁은 '나', 친구, 사람인데 관성(규율)으로 다스려져야 사회화 객관화되고, 타인과 생활할 수 있는 공공적(公共的)인 사람이 된다. 비견은 '나'와 같은 동류이고, '나'에게 해롭지 않은 지인이고, '나'에게 도움이 되는 사람이다. 겁재는 '남'이 '나의 것'을 빼앗거나, '내'가 '남의 것'을 빼앗는 경쟁적인 인간관계이다. 비견이 동등하게 교류하며 상호이익을 내는 관계라면, 겁재는 경쟁하고 질투하고 시기하고, 열등감과 우월감을 느끼는 인간관계이다.

사주에 비겁이 네 개 이상이면 남의 말을 듣지 않고 자기 고집으로 생활하다가 경제적으로 심리적으로 낭패를 볼 수 있다. 비겁이 많으면 이기려는 승부 욕망이 강해서 사람들과 화합하지 못하고, 사람들을 자기식대로 바꾸려고 하다가 외롭게 된다. 겁재는 경쟁에서 이기려는 마음이 크기에 이기면 우쭐하고, 지면 분노한다. 비겁이 네 개 이상일 때, 관성이 있어서 비겁을 제압하면 인간관계를 좋은 방향으로 이끌 수 있다. 고집 센 비겁(개인들)을 제압하는 관성이 사회적 위계로 본다면 제일 우위에 있는 것이다.

관성은 외부 통제나 공공질서로서 비겁의 고집을 굴복시키는 객관적 권력이다. 비겁이 다섯 개 이상이면 주관적으로 만사(萬事)를 판단하다가 실패할 가능성이 있기에 관성이 있어서 비겁을 다스려야 좋다. 물론 사주에 관성이 네 개 이상이면 반드시 식상으로 제압하고, 인성으로 화(化)해야 관성이 비겁을 잘 다스리게 된다. 사주는 십성(十星)이 골고루 있어야 좋다.

관성은 질서이며 법이며 공공윤리로 개인의 사적 욕망을 공공적으로 변화시키는 외부권력이다. 관성은 타인을 배려하고 개인의 이기적 욕망을 조절하고, 사회질서에 합리적으로 적응하게 한다. 관성은 상하 지위에 맞게 말하고 예의 바르게 행동하는 참을성이다. 관성은 여자에게 남편과 일과 사회규율이고, 남자에게 자식과 일과 사회규율이다. 관성은 위계질서를 당연하게 생각하는 윤리이며 인간관계를 질서있게 통제하는 실천력이다.

십성의 사회적 위계는 '관성-〉비겁-〉재성-〉인성-〉식상'이다. 관성이 비겁을 조절하고, 비겁이 재성을 제압해서 돈을 벌고, 재성이 인성을 움직여서 머리를 쓰게 하고, 인성이 식상을 조절해서 몸을 움직이게 하고, 식상이 관성을 조절하면서 십성은 순환한다. 그러나 식상이 너무 많으면 관성이 힘을 쓰지 못하기에 사주에서 식상은 두 개 정도가 좋다. 식상은 개인의 표현력, 활동력으로 식상이 세 개 이상이면 관성을 극(剋) 하기에 위계 조직에서는 생활하기 힘들고 개인 사업이나 프리랜서 일이 좋다.

식상은 먹고사는 능력으로 부지런하고 다정하고 열정적이다. 식상은 의식주에 대한 기본 욕망이다. 식상이 재성(돈)으로 가려면 비겁이 생(生)해 주어야 재성으로 간다. 재성은 '비겁 생(生) 식상'이 벌어들인 열매로서 재산이며 재물이다. 월주(月柱)나 일지(日支)에 재성 없이 식상만 있으면 큰 욕심 없이 살지만, 월주나 일지가 식상생재(食傷生財)로 흐르고, 재성의 묘고(墓庫)인 진술축미(辰戌丑未)가 있거나 관성이 있어서 재생관(財生官)이 되면 큰돈을 벌 수 있다.

관성 다음으로 꼭 있어야 할 게 비겁이다. 비겁은 건강함이다. 관성이 비겁을 다스리고, 건강한 비겁이 식상을 움직여서 재성의 돈을 잡고, 관성은 재성이 벌어들인 돈을 관리한다. 인성은 공부이다. 재성은 인성을 극 하는데, 돈(재성)이 공부(인성)보다 중요하다는 논리이다. 재성은 몸으로 실천하는 능력이고, 인성은 머리를 사용하는 능력이다. 공부도 돈이 있어야 하듯이 인성이 제대로 쓰이려면 재성이 있어야 한다. 재성에게 극을 당한 인성은 공부한 내용을 실용적으로 만들어 비겁을 돕고, 비겁이 식상을 생해서 재성이라는 돈을 만들게 한다. 식상은 인성의 지식과 비겁의 건강함으로 성실하고 근면하게 생활하는 의지력이다.

25. 비겁(比劫)의 중요성

　사람은 정치적, 경제적 동물이다. 사람 사는 곳에 정치경제가 있다. 정치로 사회가 형성되고, 경제로 한 개인이 삶의 방향성이나 목표 의식을 갖고 움직인다. 정치경제는 개인이 타인과 의사소통하게 하며, 타인과 함께 관계적 삶을 만들어가게 한다. 현재 대부분 나라는 자유민주주의로 사람을 지배하고 있다. 여기서 자유는 경제 영역으로 개인이 주체자이고, 민주는 정치 영역으로 공동체가 주체자이다. 즉, 자유경제는 자기 뜻대로 살 수 있는 개인 의지이고, 민주정치는 공동체를 위해 타인에게 맞추며 타인과 자기를 조율하는 배려이다.
　이런 자유경제와 민주정치를 사주에 비유한다면 자유(自由)경제는 식상생재(食傷生財)이고, 민주(民主)정치는 관인상생(官印相生)이다. 그리고 자유민주주의를 기반으로 정치경제를 실현하는 주체자가 비겁(比劫)이다.
　자유주의는 개인이 자기 꿈을 실현하거나, 자기가 소비하고 싶은 물건을 사거나, 자기 멋을 추구하는 영역으로 일하고 돈 버는 식상생재이다. 일하고 돈 버는 주체자가 비겁(比劫)이며, 비겁은 '나와 사람들'이다. 비겁은 식상생재(食傷生財)와 관인상생(官印相生)을 매개하는 중개자 역할을 한다. 비겁은 건강한 몸과 자존심으로 식상을 만나면 솔직하게 자기 표출을 하고, 자기 재능과 기술을 활용하는 부지런한 주체자가 된다. 식상은 손발의 활동력으로 돈을 버는 기술이며, 자기 멋을 연출하는 재능인데, 비겁이 생(生) 해주어야 활발하게 움직인다.

'비겁 생 식상'이 재성(財星)을 생 해야 돈을 번다. 이렇게 비겁, 식상, 재성으로 흐르는 사주가 자유경제 영역이다. 비겁은 '내 고집, 내 의지, 내 건강, 내가 만나는 사람들'이고, 식상은 '내가 하고 싶은 일, 내가 표현하고 싶은 말, 몸짓, 유흥, 예술, 오락, 재능'이다. 재성은 '내 마음대로 돈을 쓰는 소비 욕망, 돈으로 사람을 지배하는 욕망, 물질적인 사치이며 과시 욕망'이다. '비겁이 식상 생 재성'으로 가면 능동적으로 자기 욕망을 펼치며 돈을 벌기 위해 자유롭게 생활한다.

사주에 비겁, 식상, 재성이 많으면 부자 되기를 꿈꾼다. 식상생재를 하는 비겁이 타인과 협력하는 경우는 자기 이익이 있을 때이다. 시장원리에 맞춰 자기 욕망을 조정하며 열심히 일하고 돈을 모아 재산을 축적하기에 식상생재 사주는 빈부 차이가 개인 문제라고 생각한다. 자유주의는 개인이 자기 삶의 주체라고 생각하기에 가난도 개인 문제라고 생각한다. 반면에 빈부 차이가 시스템의 문제라고 생각하면 민주주의이다. 민주주의는 전체 사회를 위해서 개인이 자기 자유의 일정 부분을 사회에 내놓고, 국가의 보호를 받으며, 타인과 공존하는 정치이다.

　민주주의는 타인의 인정과 공동체의 질서를 중요하게 생각하는 관인상생과 유사하다. 관인상생은 공동체에 속한 타인과 협력하고, 공동 규율을 지키며, 공동의 욕망을 추구한다. 민주주의는 다수가 원하는 방향으로 정책을 결정하고 집행한다. 여기서 다수는 단순 투표 방식으로 정해진 다수라서 소수가 소외될 수 있지만, 민주주의는 다수가 원하는 방향으로 정책을 실현한다. 이런 다수의 결정을 인정하고 타인과 자기를 조절하며 타인과 함께 좋은 사회를 만들기 위한 활동이 관인상생이다.

　관인상생에서 관성(官星)은 '외부 통제자인 질서와 규율로 개인을 다스리는 법적, 경찰적 장치'이다. 인성(印星)은 '타인의 인정으로 사회가 인정한 지식정보이고, 개인을 사회화시키는 교육 내용'이다. 인성은 공식적인 시험에서 객관적 근거로 작용하는 지적 정보이며, 보편 윤리이며, 사회적 안전장치이다. 관성과 인성은 비겁('나와 사람들')을 조정하며 비겁이 합리적이고 공공적인 모습이 되게 한다.

　비겁 '나'는 자유주의로 돈을 버는 식상생재도 하고, 민주주의로 타인과 조화하는 관인상생도 하는 주체자이다. '나와 사람들'(비겁)은 한 발은 자유경제 영역에, 한 발은 민주정치 영역에 두고 자유와 민주를 매개하는 주권자이다. 비겁이 식상생재를 만나면 자유롭게 자기 욕망을 추구하며 돈을 열심히 벌고, 비겁이 관인상생을 만나면 타인과 적절히 조화하고 협력하며 공동체의 일원으로 산다. 비겁은 자기와 타인을 상호호혜적 관계로 이끌어나가며, 건강한 몸과 마음으로 작용하기에 사주에 비겁이 두 개 정도 있어야 힘있게 작용한다.

26. 사주와 관상

　관상에서 중요한 요소는 이마, 눈썹, 눈, 코, 광대, 입술, 턱, 귀이다. 이마는 관운, 출세운을 나타내기에 방긋하고 훤해야 좋다. 눈썹은 형제운과 인간관계를 나타내기에 눈을 감쌀 정도의 길이로 눈썹 숱이 적당하면 좋다. 눈은 맑고 은은하게 힘이 있으면 좋고, 코는 적당한 높이로 콧대가 바르게 뻗으면 좋다. 광대는 코를 감싸는 듯 약간 앞으로 나와야 좋고, 입술은 윗입술과 아랫입술이 합이 맞아야 좋다. 턱은 얼굴 전체를 받치는 안정감이 있어야 좋고, 귀는 약간 크고 귓바퀴가 오므려 있으면 좋다.

　얼굴의 구성요소를 사주 십성(十星)에 비유할 수 있다. 사주 십성은 비견, 겁재, 식신, 상관, 정재, 편재, 정관, 편관, 정인, 편인인데, 줄여서 비겁(比劫), 식상(食傷), 재성(財星), 관성(官星), 인성(印星)으로 부른다. 비견은 '나', 겁재는 형제, 친구, 사람이다. 식상은 먹고 사는 기술, 재능이다. 재성은 돈을 버는 활동력과 부지런함이다. 관성은 절제력, 인내력, 타협 능력이다. 인성은 지식정보, 문서, 학력이다. 재성이 사지(四肢)를 움직여 돈을 번다면, 인성은 머리로 돈을 번다. 식상이 표현하는 사랑이라면 인성은 인정받는 사랑이다. 관성은 사회생활 능력이다.

얼굴에서 앞으로 튀어나온 코가 비견에 비유된다. 비견은 '나'이다. 앞으로 튀어나온 코는 자기 주체성을 상징한다. 코가 반듯하면 자기 존재감이 뚜렷하다. 콧등은 재성(財星)에 비유되는데, 콧등이 올곧고, 콧구멍이 보이지 않으면 돈복이 있다. 코가 너무 낮으면 타인들을 배려하는 마음이 크고, 코가 너무 높으면 자기 위주의 삶을 살기에 외롭다. 광대는 겁재에 비유된다. 겁재는 경쟁자, 친구, 사람들이다. 광대가 낮으면 경쟁력과 자존감이 약하고, 광대가 튀어나오면 승부 욕망이 강해서 사람들과 경쟁하며 산다. 광대는 코 높이와 어울려야 인간관계가 평탄하다.

눈은 생활력을 나타내기에 식신과 상관에 비유된다. 식신과 상관은 솔직함이고 자기 표출 능력이다. 식신은 주어진 여건을 자기식대로 헤쳐나가는 능력이고, 상관은 기존 질서인 관성을 고치려는 저항심이다. 눈을 보면 그 사람의 생활력(식신)과 저항 의지(상관)를 볼 수 있다. 식신과 상관은 친절하고 솔직하기에, 눈빛을 보면 거짓말인지 진실인지 알 수 있다. 은은하고 힘 있는 눈은 건강하고 친화력이 좋으며 자기 생활에 만족한다. 눈 주위는 부부운(夫婦運), 자식운, 형제운, 재산운을 나타낸다. 눈 주위가 선명하고 건강하면 자기가 좋아하는 일에서 전문가가 될 수 있다. 눈이 사나운 사람은 상관의 기운이 강해서 반항적이고 저항적이다.

입과 턱은 재성에 비유된다. 입은 먹을 복으로 돈복이고, 턱은 말년의 복이다. 입이 큰 사람은 활동력이 좋고 부지런해서 돈이 붙는다. 입이 조금 크고, 입술이 도톰하고 윤곽이 뚜렷하면 돈 운이 좋다. 턱은 얼굴 전체를 안정감 있게 받쳐주면 좋다. 턱이 뾰족하면 돈이 잘 붙지 않는다. 넉넉한 턱은 재산을 보호하는 담장과 금고 역할을 한다. 턱이 얼굴 전체를 받쳐주면 부동산이나 재산을 소유할 수 있다.

이마는 관성(官星)에 비유된다. 관성은 명예운, 직업운, 부모운, 출세운이다. 이마가 고르게 펴진 관상은 조직 생활을 잘하고, 인간관계를 잘 맺어서 사회적으로 성공한다. 이마는 '내'가 사는 사회적 공간, 조직공간, 인간관계의 장(場)이다. 이마가 훤하고 깨끗하면 사회생활에서 사람들과 잘 지내며 출세운과 직업복도 좋고, 성실한 부모를 둔다. 이마가 요철처럼 들쑥날쑥하고, 주름이 구불구불하면 어린 시절 부모복이 약하고, 마음고생과 돈고생을 한다.

귀는 인성이다. 인성은 사람들에게 인정받는 십성(十星)이기에 귀를 보면 사람들에게 사랑받는지 알 수 있다. 귀는 수명복, 건강복, 윗사람복을 나타낸다. 귀가 크고 살집이 좋으면 건강하게 오래 산다. 귓불은 자비심과 인덕을 나타내고, 귓바퀴가 곡선으로 잘 이어져 있으면 어린 시절부터 성인이 될 때까지 무난하게 잘 자란다.

사주나 관상보다 중요한 것은 심상(心相)이다. 심상은 자유의지, 자기 주체성으로 정신력이다. 정신력이 좋으면 사주나 관상에 휘둘리지 않고 자기 삶을 능동적으로 산다. 사주나 관상은 일반론일 뿐, 개개인에게 구체적으로 딱 들어맞는 이론은 아니다. 사주나 관상은 재미로만 이용하면 좋다.

27. 사주, 지지(地支)의 인사신해(寅巳申亥)

　천간(天干)에 갑을병정무기경신임계(甲乙丙丁戊己庚辛壬癸)가 있고, 지지(地支)에 자축인묘진사오미신유술해(子丑寅卯辰巳午未申酉戌亥)가 있다. 천간은 봄(갑을), 여름(병정), 환절기(무기), 가을(경신), 겨울(임계)을 순환한다. 지지도 봄(인묘진), 여름(사오미), 가을(신유술), 겨울(해자축)을 순환하고, 이 중에 진미술축(辰未戌丑)은 환절기이다.

　천간에서 갑(甲)은 큰 나무, 을(乙)은 꽃나무, 병(丙)은 태양, 정(丁)은 달, 무(戊)는 큰 산, 기(己)는 들판, 경(庚)은 바위, 신(辛)은 보석, 임(壬)은 큰 바다, 계(癸)는 시냇물을 상징한다. 지지(地支)에서 자(子)는 시냇물, 축(丑)은 언 땅, 인(寅)은 큰 나무, 묘(卯)는 작은 꽃, 진(辰)은 기름진 땅, 사(巳)는 태양, 오(午)는 열기, 미(未)는 뜨거운 땅, 신(申)은 바위, 유(酉)는 보석, 술(戌)은 마른 땅, 해(亥)는 큰 바다를 상징한다.

천간 갑(甲)은 지지의 인(寅)이고, 천간 을(乙)은 지지의 묘(卯)이며, 천간 병(丙)은 지지의 사(巳)이고, 천간 정(丁)은 지지의 오(午)이다. 천간 무(戊)는 지지의 진술(辰戌)이고, 천간 기(己)는 지지의 축미(丑未)이다. 천간 경(庚)은 지지의 신(申)이고, 천간 신(辛)은 지지의 유(酉)이고, 천간 임(壬)은 지지의 해(亥)이고, 천간 계(癸)는 지지의 자(子)이다. 이렇게 천간과 지지는 서로 연관되어 있으며, 자연의 시간을 순환한다.

지지에서 인사신해(寅巳申亥)는 각 계절을 시작하는 글자로서 인목(寅木)은 봄을 열고, 사화(巳火)는 여름을 열고, 신금(申金)은 가을을 열고, 해수(亥水)는 겨울을 연다. 인(寅)은 입춘(立春), 사(巳)는 입하(立夏), 신(申)은 입추(立秋), 해(亥)는 입동(立冬)이 기점이다. 인사신해(寅巳申亥)는 각 계절을 시작하는 기운이기에 분주하고 바쁘다. 활발하게 움직이는 역마살(驛馬煞)이며, 바깥 활동을 하면서 돈을 버는 일을 적극적으로 한다. 지지의 인사신해(寅巳申亥)는 이동, 이사, 여행, 움직임, 변화, 변동이 특징이다. 인사신해는 인간관계에서 능동적이며 사회 활동을 왕성하게 하고, 시작을 무서워하지 않고, 앞으로 밀고 나가는 추진력이 강하지만, 일을 마무리하는 기운은 약하다.

인목(寅木)은 겨울을 버틴 나무에서 입춘(양력 2월 초)부터 나오는 새싹이다. 언 땅을 녹이는 따뜻한 양기(陽氣)이며, 새로운 생명체를 상징한다. 동물로는 호랑이라서 위엄있고 용감하고 우렁차고 당당하다. 인시(寅時: 새벽 3시 반에서 5시 반)는 부지런한 사람이라면 일찍 일을 시작하는 시간이며, 잠자던 세포들이 살아나서 운동성이 활발하다.

사화(巳火)는 여름을 시작하는 입하(양력 5월 초)로서, 봄에 나온 새잎들이 풍성하게 자란 모습이다. 시간으로는 오전 9시 반에서 11시 반이다. 해가 하늘에 둥실 떠 있고, 오늘 할 일을 기운차게 추진하며, 일하기 좋을 정도로 정신의 힘이 맑은 시간이다. 사화(巳火)는 동물로는 뱀이며, 지혜로운 청춘기, 화려한 도시 문명, 꽃 핀 문화를 상징한다.

신금(申金)은 가을을 시작하는 입추(양력 8월 초)로서 한 해의 수확물이다. 입추가 지나면서 아침저녁으로 선선한 기운이 맴돈다. 이 시기에 풀들은 자라기를 멈추고, 열매는 마르면서 단단해진다. 신금(申金)은 추수할 곡식이며, 완성된 문명과 문화를 상징하며, 지혜, 지식, 업적, 건설, 일의 결과물이다. 신시(申時)는 오후 3시 반에서 5시 반으로 퇴근하기 직전이며, 일의 성취가 나타난다. 신금의 동물은 원숭이로 눈치 빠르고 경험 많은 노련한 전문가이다. 일의 성과를 즐기는 장년(壯年)의 여유로움을 상징한다.

해수(亥水)는 겨울을 시작하는 입동(양력 11월 초)을 연다. 겨울나기를 준비하면서 보관할 것은 보관하고 버릴 것은 버리며 정리한다. 해시(亥時)는 오후 9시 반에서 11시 반으로 잠들거나 잠자기 직전으로 하루 일을 마무리한다. 해수의 동물은 돼지로서 낮 동안의 일과 경험이 축적되어 있기에 똑똑하고, 노련하다. 해수는 천문성(天門星)으로 하늘의 지식을 직관하며, 정신의 집합체이며, 이듬해 새로 태어날 핵(核)이다.

인사신해는 활동성이 커서 형살(刑煞)과 충살(沖煞)이 있다. 인사신(寅巳申) 세 글자가 만났을 때 형(刑)이 발생하여 관재구설, 감옥에 갇힘, 교통사고, 손재, 병원 입원, 파산 같은 일이 발생한다. 그리고 인신충(寅申沖), 사해충(巳亥沖)으로 부딪쳤을 때는 다치거나, 폐업이거나, 직업변동 같은 움직임이 있다.

28. 사주, 지지(地支)의 자묘오유(子卯午酉)

　자묘오유(子卯午酉)는 각 계절의 왕(旺)으로 음기운(陰氣運)의 응결체이다. 자묘오유(子卯午酉)는 삼합(三合)의 가운데 글자로 다른 글자를 자기 편으로 만든다. 예를 들어 신자진(申子辰) 삼합(三合)이 되면, 가운데 글자 자수(子水)는 신금(申金)과 진토(辰土)를 자수(子水)로 변화시킨다. 이렇게 자묘오유는 삼합이나 방합에서 다른 글자를 자기 오행(五行)으로 바꾸는 힘이 있기에 도화살(桃花煞)이라고 한다. 도화살은 타인을 자기 편으로 만드는 매력살(魅力煞)이다.

　자수(子水)는 천간(天干)으로 계수(癸水)이며, 양력 12월이다. 이 시기는 본격적으로 대지가 언다. 자시(子時)는 밤 11시 30분에서 새벽 1시 30분이다. 깜깜한 어둠의 시간이며, 가는 날과 새로 오는 날을 매개한다. 자수는 남자의 정자, 여자의 난자, 생명의 씨앗을 보호하는 물이다. 자수(子水)가 신금(申金)과 진토(辰土)를 만나면 신자진(申子辰) 합수(合水)가 되어 지식과 경험의 창고가 되며, 해자축

(亥子丑) 방합(方合)으로 겨울을 완성한다.

자수(子水)는 오화(午火)와 충(沖)을 하고, 묘목(卯木)과 형(刑)을 하고, 유금(酉金)과 파(破)를 한다. 자오충(子午沖)이 되면 혈관계 질병을 조심해야 한다. 자수와 유금(酉金)은 파(破)도 하지만 금생수(金生水)도 되고, 자수와 묘목(卯木)은 형(刑)도 하지만 수생목(水生木)도 된다. 자유파(子酉破)나 자묘형(子卯刑)은 음양(陰陽)의 만남이 아니고, 음(陰)과 음(陰)의 만남이라서 부정적으로 해석하지만, 현대사회에서는 음음(陰陰)끼리, 양양(陽陽)끼리 만나도 좋게 풀린다.

묘목(卯木)은 천간으로 을목(乙木)이다. 묘목은 식물, 먹을 것, 식량의 근원, 묘종(苗種)이다. 양력 3월이 묘월(卯月)인데, 묘목(卯木)은 3월에 피어난 새싹으로 작고 예쁘고 귀엽다. 사주에 묘목(卯木) 하나만 있어도 먹고산다. 묘목은 일을 크게 벌이지 않아서 인생의 기복이 심하지 않고, 작은 일에서 행복감을 느끼는 소박함이다. 묘목은 인묘진(寅卯辰) 방합(方合)으로 봄을 완성하고, 해묘미(亥卯未) 삼합(三合)으로 식물의 한살이를 살아낸다. 해월(亥月:양력 11월)에 씨앗이었던 묘종(苗種)이 묘월(卯月:양력 3월)에 꽃으로 활짝 피고 미월(未月:양력 7월)에 마른 잎이 된다. 묘목이 묘유충(卯酉沖)으로 깨지면 뼈나 관절이 약하고, 자묘형(子卯刑)이 되면 차갑게 언 꽃이 되고, 오묘파(午卯破)가 되면 더위 먹은 꽃으로 힘이 없다.

오화(午火)는 천간으로 정화(丁火)이며, 여름의 왕(旺)이다. 양력 6월이며, 곡식과 나무가 자랄 대로 자란 모습이다. 오화(午火)는 다정함, 열정, 밝음, 긍정적, 낙관적, 문명과 문화의 절정기, 잘 자란 청년, 미래의 희망이다. 사오미(巳午未) 방합(方合)으로 여름을 완성하고,

인오술(寅午戌) 삼합(三合)으로 열매의 삶을 완성한다. 인월(寅月:양력 2월)에 나온 새싹이 오월(午月:양력 6월)에 열매가 되고, 미월(未月:양력 7월)에 맛이 든다. 오화(午火)가 자수(子水)와 충(沖) 하면 심장이나 신장에 병이 든다. 오화(午火)가 묘목(卯木)과 파(破)를 하면 뼈나 관절이 약해진다. 오화(午火)가 축토(丑土)를 만나면, 원진살(怨嗔煞), 귀문관살(鬼門關煞), 탕화살(湯火煞)로 작용하여 조울증, 공황장애, 불안증을 앓을 수 있다. 오화(午火)와 축토(丑土)가 지지에 있다면 오화(午火)와 합(合)을 하는 사화(巳火)나 인목(寅木)이 있거나, 혹은 축토(丑土)와 합(合)을 하는 자수(子水)나 유금(酉金)이 있으면 살(煞)로 작용하지 않는다.

유금(酉金)은 천간으로 신금(辛金)이며, 가을의 왕(旺)으로 양력 9월이다. 유금은 단단한 열매 속의 씨앗이며 경험의 결정체, 기초 원리, 원자, 소립자, 수확한 씨앗이다. 유금은 생명체의 정보가 모여 있는 유전자 DNA이다. 유월(酉月:양력 9월)에 모든 열매는 크기를 멈추고, 술토(戌土:양력 10월)에 핵(核)으로 들어가서 겨울을 나고, 이듬해 봄에 다시 태어난다. 유금은 신유술(申酉戌) 방합으로 가을을 완성하고, 사유축(巳酉丑) 삼합으로 씨앗의 한살이를 살아낸다. 유금(酉金)이 묘목(卯木)과 충(沖) 하면 관절, 척추, 뼈가 약하고, 자수(子水)와 파(破)하면 씨앗이 부실하다. 유금은 인목(寅木)과 원진살(미워하고 시기하는 기운)로 작용한다.

이렇게 자묘오유는 자기만의 색깔을 유지하는 음기운(陰氣運)의 왕(旺)으로, 양기운(陽氣運)에 대응하며, 인사신해(寅巳申亥)가 일으킨 계절의 시작을 진미술축(辰未戌丑)으로 마무리하는 가운데 글자로서 뚜렷하게 자기 모습을 드러낸다. 자수(子水)는 겨울, 묘목(卯木)은 봄, 오화(午火)는 여름, 유금(酉金)은 가을이 완연함을 나타낸다.

29. 사주, 지지(地支)의 진미술축(辰未戌丑)

　진미술축(辰未戌丑)은 각 계절을 끝맺는 묘지(墓支)이며, 고지(庫支)이다. 진미술축은 한 계절의 문을 닫고 다음 계절의 문을 열기에 이중적이며 타협적이다. 사주에 진미술축이 많으면 화합의 움직임이 활발하고, 웬만해서는 사람들과 부딪치지 않는다. 인사신해(寅巳申亥)가 계절의 시작을 힘차게 열고, 자묘오유(子卯午酉)가 계절의 정점(頂點)을 완성하고, 진미술축(辰未戌丑)이 계절의 끝을 마무리하며 다음 계절을 여는 매개자이다.

　진토(辰土)는 천간으로 무토(戊土)이며, 봄을 마무리하고 여름을 시작한다. 진토는 봄에 피어난 새싹들과 나무들을 키우는 옥토이다. 진토의 지장간(支藏干)은 을계무(乙癸戊)인데, 계무(癸戊)는 합(合)을 해서 화(火) 기운을 만들어 진토가 온화한 땅이 되게 한다. 진토는 신금(辛金:씨앗)과 임수(壬水:겨울)의 묘지인데, 양력 4월인 진월(辰月)에 신금(辛金)은 묘목(卯木)으로 변하고, 임수(壬水:겨울)는 완전히 사라진다. 진토는 인묘진(寅卯辰) 방합(方合)으로 봄을 완성하고, 신자진(申子辰) 삼합(三合)으로 임수(壬水:물)의 한살이를 살아낸다. 진토(辰土)는 술토(戌土)와 충(沖)하고, 축토(丑土)와 파(破)하고, 묘목(卯木)과 해(害)하고, 해수(亥水)와 원진살(元嗔煞: 미워하고 시기함), 귀문관살(鬼門關煞: 예민하고 까탈스러움)을 짠다. 지지의 토기운(土氣運) 중 유일하게 형살(刑煞)이 없다.

미토(未土)는 천간으로 기토(己土)이며, 한여름 뙤약볕이 활활 타는 대지이다. 양력 7월로 열대야가 나타나고 장마나 태풍이 일어난다. 미토(未土)는 갑목(甲木)과 계수(癸水)의 묘지(墓支)이다. 갑목(나무)은 미토에서 크기를 멈추고 그늘이 되며, 계수(계곡물)는 미토에서 물기운이 마른다. 미토의 지장간(支藏干)은 정을기(丁乙己)인데, 후덥지근한 열기를 띠고 있는 땅이다. 미토에서 벼는 알곡으로 가고, 과일은 열매를 맞나게 만든다. 미토(未土)의 미(未)는 맛 미(味)의 의미도 있다. 미토는 사오미(巳午未) 방합(方合)으로 여름을 완성하고, 해묘미(亥卯未) 삼합(三合)으로 갑목(甲木)의 한살이를 완성한다. 미토가 축술미(丑戌未) 삼형살(三刑煞)을 짜면 건강 약화, 손재, 사고 수가 있다. 미토는 자수(子水)와 원진살(元嗔煞), 해(害)가 있고, 인목(寅木)과 귀문관살(鬼門關煞)을 짜고, 축토(丑土)와 충(沖)을 한다.

술토(戌土)는 천간으로 무토(戊土)이며 가을 흙으로 건조하고 메마르다. 늦가을 햇살이 내리쬐는 들판이다. 술토의 지장간(支藏干)은 신정무(辛丁戊)로서 그해 추수한 씨앗들, 핵(核), 결과물을 보호하는 흙이다. 술토에서 봄의 갑을목(甲乙木)이 가을의 경신금(庚辛金:씨앗)으로 변한다. 술토는 봄부터 활동한 생명이 열매나 씨앗으로 변한 공간으로, 을목(乙木)과 병화(丙火)와 무토(戊土)의 묘지(墓支)이다. 술토는 한 해 농사가 마무리된 땅이며, 해수(亥水:차가운 겨울)를 여는 관문이다. 술토에는 봄, 여름, 가을 동안 경험한 지식과 지혜가 고여 있다. 그래서 십이지지(十二地支)에서 술해(戌亥)를 천문성(天文星)이라고 한다. 천문성은 하늘의 문을 여는 지혜이다. 술토는 신유술(申酉戌) 방합으로 가을을 완성하고, 인오술(寅午戌) 삼합으로 열매의 한살이를 완성한다. 술토는 진토와 충하고, 축술미 삼형살을 짠다.

축토(丑土)는 천간으로 기토(己土)이며, 한겨울 축축하게 언 땅이다. 축토의 지장간(支藏干) 계신기(癸辛己)는 씨앗, 난자, 정자, 핵을 보관하는 냉동고이다. 축토 속의 신금(辛金:씨앗)은 양력 2월에 인목(寅木:새싹)으로 변해서 땅 위로 솟는다. 축토는 미토와 충이 되고, 축술미 삼형살을 짠다. 축술미(丑戌未) 삼형살(三刑煞)은 일과 사람과 돈과 건강에 문제가 생겨 스트레스가 심하다. 축토는 씨앗이 시련을 버티는 공간으로, 정화(丁火:온기)와 기토(己土:습한 흙)와 경금(庚金:열매)의 묘지(墓支)이다. 축토(丑土)와 오화(午火)는 원진살, 귀문살, 탕화살을 짠다. 꽁꽁 언 땅(축토)에 태양의 열기(오화)가 내리쬐면 생명은 짓물러 죽는다. 냉동고가 고장 나서 냉동고 속 식품이 썩는 모습이 축오(丑午)가 짜는 원진, 귀문, 탕화살이다. 축토와 오화가 붙어 있으면 축토를 합하는 자수(子水)나 사유(巳酉)나 해자(亥子)가 있어야 오화(午火)와 부딪치지 않는다. 축오(丑午)가 만나는 운에서는 건강, 인간관계, 돈 문제, 심장병, 혈관계, 소화기계가 약해진다.

이렇게 진미술축은 한 계절을 완성하고 다음 계절을 열면서, 맺고 끊는 일을 하기에 형살(刑煞)과 충(沖)이 작용하고, 지킬 것은 보호하고, 버릴 것은 냉혹하게 버린다.

30. 사주와 건강운(健康運)

　사주를 물어볼 때 건강운, 일운, 돈운, 연애운, 결혼운, 합격운, 승진운, 문서운을 물어본다. 생활하는데 필요한 실용적인 조건들이다. 산다는 게 일, 돈, 건강, 결혼, 합격, 승진, 문서가 다일지도 모른다. 일하며 돈 벌고, 재산 늘리고, 좋은 사람과 결혼하고, 때 되면 승진하고, 여분의 부동산으로 노후 자금 순환하고, 자연을 즐기거나 예술 문화를 감상하며 건강하게 사는 게 다일지도 모른다.

　사주에서 건강운을 읽는 방법은 비겁과 인성과 식상이다. 비겁은 '나'와 같은 오행으로 '내' 기운을 돕는다. 그러나 비겁이 네 개 이상이면 '내' 기운이 넘쳐서 '내' 판단만 믿고 행동하다가 낭패를 본다. 비겁은 비견과 겁재로, 비견(比肩)은 '나'를 돕는 힘이지만, 겁재(劫財)는 남의 돈을 빼앗거나 혹은 내 돈을 남에게 빼앗기는 기운이어서 사주에 겁재가 많으면 빚을 질 수 있다. 비겁은 팔자(八字) 중에서 두 개 정도가 좋다. 두 개 정도면 '내' 건강도 지키고, '내' 편을 들어주는 인맥으로 작용한다. 비겁은 '나'와 같은 기운으로 동기간, 친구, 지인, 건강이다. 예를 들어 갑목(甲木:큰 나무) 옆에 을목(乙木:꽃나무)이 있으면 갑을목이 함께 있기에 나무가 보기 좋고, 을목은 갑목에 기대서 비바람을 피하거나 갑목을 타고 오를 수 있기에 서로에게 좋게 작용한다.

팔자에서 두 개 정도의 비겁은 고난을 버티는 연줄이나 배경이 되어준다. 비겁이 '내' 편이 되어주면, 비겁으로 재성(財星)을 극(剋) 해서 '내'가 돈을 벌 수 있고, 관성(官星)의 제압(制壓)을 버틸 수 있다. '내' 사주에 비겁이 없는데, 운에서도 재성운(財星運)과 관성운(官星運)이 들어오면 건강이 약해지고, 돈도 잃고, 우울하고 불안해진다.

인성(印星)은 '나'를 돕는 조력자, 부모덕, 안정감, 학력을 나타낸다. 인성도 두 개 정도가 좋다. 두 개 정도의 인성은 공부 복, 어머니 복, 인정받음, 건강한 몸으로 작용한다. 연주(年柱)가 정인(正印) 정관(正官)이면 모범생으로 어린 시절 좋은 부모 밑에서 바르게 자란다. 인성이 좋으면 타인과 자기를 비교하지 않는 건강한 자아관을 가질 수 있다. 그러나 인성이 네 개 이상이면 무사태평하며, 식상(일)을 극(剋) 하기에 직업변화가 많고, 프리랜서나 아르바이트 인생을 산다. 인성이 많으면 아는 것은 많지만, 게을러서 몸을 움직여 돈을 버는 행동력이 약하다. 사주에 인성이 네 개 이상이면 반드시 자격증을 따서 전문가나 공무원이나 선생님 일을 하는 게 좋다.

식상은 낙천적이어서 몸이 건강하다. 식상은 즐거운 생활력이고, 일하기를 두려워하지 않으며, 친구들과 상냥하게 지내고, 만남을 좋아하고, 오지랖이 넓어 사람들에게 관심이 많다. 식상은 말도 잘하고,

행동력도 빠르고, 취미 생활에 열정적이다. 식상은 창의적으로 세상을 살며, 새로운 일에 호기심이 많고 명랑하다. 인성이 머리로 세상을 이해한다면, 식상은 몸으로 직접 실천함으로써 세상일을 터득한다. 인성이 이론적 관념적이라면 식상은 현실적 실천적이다. 식상은 부지런한 생활 태도이며, 무리한 일은 하지 않으며, 운동도 잘해서 건강을 챙긴다. 식상은 솔직하게 자기표현을 하고, 똑똑하며, 웬만해서는 절망하지 않는다. 식상은 재성(財星)을 생(生) 하기에, 사주에 식상이 있으면 생활력이 강하고 돈을 벌 수 있다. 식상도 두 개 정도가 좋다. 두 개 정도의 식상은 적절하게 '나'를 제압하는 관성(官星)을 조절하며, 몸과 마음을 건강하게 유지한다. 그러나 식상이 네 개이고, 식신(食神)보다 상관(傷官)이 많으면 직업 변동이 잦고, 여자라면 남편과 부딪치고, 남자라면 자식과 사이가 좋지 않다.

건강이 약한 사주는 오행이 치우친 사주이다. 사주가 화기운(火氣運)만 있거나, 수기운(水氣運)만 있으면 암이나 혈관계 질병을 조심해야 한다. 너무 더워도 일사병으로 죽고, 너무 추워도 저체온증으로 죽듯이 사주가 너무 덥거나 추우면, 질병에 취약하기에 대운(大運)에서 중화(中和)의 기운이 들어와야 좋다. 건강한 사주는 음양오행과 기후(氣候)가 조화롭게 운행하는 사주이다.

건강은 행복의 제일 조건이다. 건강한 행복은 타인과 비교하지 않는 정신력에서 생긴다. 타인과 비교해서 피해의식이나 열등감을 느끼면 마음과 몸이 불행해지고 병이 든다. 타인과 비교하지 말고 자기 기준으로 당당하게 세상을 살아야 건강한 행복감을 느낄 수 있다.

31. 사주 십성과 오복(五福)

오복은 수명복(壽命福), 재복(財福), 건강복(健康福), 명예복(名譽福:타인에게 인정받는 복), 죽음복이다. 혹은 수명복, 재물복, 건강복, 지위복(地位福:사회적 성공), 자식복이다. 오복은 오래 살고, 돈 많고, 건강하고, 사회적으로 인정받고, 잘 죽고, 자식이 잘되는 복이다. 예나 지금이나 모든 사람의 꿈은 이런 오복이 갖추어진 생활일 것이다.

오복을 사주 십성(十星)에 비유할 수 있다. 비겁은 건강복, 식상은 수명복과 자식복(여성에게), 재성은 재물복, 관성은 사회적 지위나 자식복(남성에게), 인성은 명예복으로 비유할 수 있다. 사주에서 십성(十星)은 사주 해석에 꼭 필요한 도구이다. 십성은 비견(나), 겁재(타인), 식신(생명력), 상관(저항력), 정재(알뜰살뜰), 편재(과소비), 정관(질서에 자연스럽게 복종), 편관(권력이 무서워서 복종), 정인(학교 지식), 편인(생활 지식)이다.

식신은 먹을 복으로 수명복이다. 잘 먹으면 건강하고, 건강하면 오래 산다. 식신이 좋으면 하고 싶은 말을 하고, 하고 싶은 일을 하고, 제 감정에 솔직하고, 자기표현이나 표출을 잘한다. 식신은 잘 먹고 취미 생활을 즐기며 사람에게 관심이 많고 잘 웃는다. 식신은 예술, 창조, 연구, 발명 같은 새로운 문물을 만들어내는 재능으로 자기 느낌과 생각을 바깥으로 형상화하는 재주이며 스트레스를 받아도 낙천적으로 해결한다. 가질 수 없으면 포기하고, 경쟁하며 살기보다는 자기만족으로 산다. 일이든 사랑이든 관계이든 극단적이지 않고 적정선에서 조화를 추구하는 편이기에 스트레스를 덜 받는다. 자기 깜냥을 알기에 사주에서 식신이 형충파해(刑冲破害) 당하지 않고, 비견이 식신을 생(生) 해주고 있으면 오래 살 수 있는 수명복이 된다. 식상(식신과 상관)은 사랑하는 능력이기에 여자 사주에서 식상이 좋으면 자식복이 좋다. 남자 사주에서 식상이 좋으면 관성(사회적 제도나 규율)과 잘 타협하면서 자식도 잘 키운다. 그러나 식상이 네 개 이상이면 여자는 직업복과 남편복이 약하고, 남자는 직장복과 자식복이 약하다.

  재성은 돈복으로 돈이라는 결과물을 손에 쥐기 위해 쉬지 않고 노력한다. 재성은 경쟁에서 승패가 날 때까지 해보는 끈질김이며 도전정신이다. 그러나 재성이 사주에 네 개 이상 있으면 돈을 무서워하지 않고, 돈 쓰기를 잘해서 돈을 모으지 못한다. 재성이 많으면 허영과 사치로 돈을 낭비하다가 빚을 질 수 있다. 돈복이 있으려면 재성이 두 개이며, 재성을 생(生) 해주는 식상이 있고, 돈을 관리하는 관성이 있어야 한다. 관성은 지위복인데, 사회적 지위가 있으면 돈이 저절로 따라오며, 돈복인 재성을 관리하는 관리자 역할을 한다.

  관성은 지위복으로 조직에서 인간관계를 잘한다. 관성은 조직의 규율로 자기와 타인을 관리하는 조정(調整) 능력이다. 관성은 자기와 타인을 제도에 맞게 관리하면서 공동체의 목적을 이루려는 십성이다. 그래서 관성을 직업복, 지위복이라고 하고, 여성 사주에 관성이 좋으면 남편복이 좋고, 남성 사주에 관성이 좋으면 자식복이 좋다. 사주에서 관성이 형충파해 당하지 않으면 사회생활과 인간관계를 적절하게 잘한다. 관성이 좋으면 공무원, 회사원처럼 집단생활을 잘하고, 승진할 때 승진하며 일정 지위를 가질 수 있다.

인성은 명예복으로 사회에서 인정받는 복이다. 인성은 졸업장, 문서, 인증서 같은 도장이 찍힌 문서이다. 인성은 뒤에서 밀어주는 인복도 되는데, 정인(正印)이 좋으면 어머니 복과 재산복이 있다. 사주에서 월주(月柱)에 인성이 있고, 일지(日支)에 관성이 있으면 관인상생(官印相生)이 되어서 명예나 지위를 유지할 수 있다. 그런데 월주(月柱)에 인성이 있고, 일지(日支)에 재성이 있으면 재성운(財星運)이 들어올 때 재극인(財剋印)이 되어서, 돈(재성)이 인격(인성)을 망가뜨리기에 명예가 실추될 수 있다. 유명인이 돈이나 여자 때문에 한순간에 지위와 명예를 잃는 일이 재극인(財剋印)이다.

비겁은 건강복이다. 비겁이 '내' 편으로 작용할 때, 안팎에서 들어오는 스트레스(관성)를 버텨낼 수 있다. 관성(바깥 규율)은 비겁을 제어하는 사회적 제도나 권력이다. 관성운이 들어올 때, 사주에 비겁이 없으면 건강이 약해진다. 비겁은 '나'와 같은 오행으로 '내' 힘이며, 질병과 고난과 스트레스를 이겨내는 힘이다. 비겁은 연주(年柱)나 시주(時柱)에 하나 정도로 있는 게 좋다. 연주에 있으면 어렸을 때부터 건강하게 잘 자라며, 시주에 있으면 노년의 건강을 유지할 수 있다.

32. 사주 십성(十星)과 손금

손금은 크게 생명선, 두뇌선, 감정선, 운명선, 태양선이 있다. 생명선은 엄지손가락을 에둘러 흐르는 선이다. 두뇌선은 손바닥 가운데를 흐르는 선이다. 감정선은 네 개의 손가락(검지, 중지, 약지, 소지)을 감싸며 흐르는 선이다. 운명선은 팔목에서 중지(가운데 손가락)로 흐르는 선, 태양선은 팔목에서 약지(무명지)로 뻗는 선이다.

생명선이 엄지손가락을 감싸고 팔목까지 둥글게 나 있으면 건강하고 생활력이나 생존력이 좋다. 생명선을 십성(十星)에 비유한다면 비겁(比劫)이다. 비겁은 비견과 겁재로 생활력, 추진력, 승부욕, 경쟁력을 나타낸다. 생명선이 좋으면 사주의 비겁이 좋을 수 있다. 비겁은 자신감, 적극성, 활동력, 추진력, 건강함이다.

두뇌선이 손바닥 가운데를 잘 흐르면 두뇌 회전이 빠르고, 기억력, 습득력, 암기력이 좋고, 세상에 대처하는 사회성이 좋다. 두뇌선의 의미는 조직 생활을 잘하고 사람들과 잘 지내며 합리적으로 행동하는 능력이다. 손금의 두뇌선은 사주의 관성과 유사하다. 관성은 윗사람의 명령과 간섭을 잘 받아내고, 아랫사람과 잘 지내며 자기 영역을 조절한다. 관성은 인간관계에서 나아가고 물러나는 지혜로움으로 일정한 사회적 지위를 획득한다. 그래서 손금의 두뇌선이 좋으면 사주의 관성이 좋을 수 있다. 손금의 생명선과 사주의 비겁은 생명력이고, 손금의 두뇌선과 사주의 관성은 사회생활 능력이다.

　네 손가락을 감싸고 흐르는 감정선은 희노애락(喜怒哀樂)을 느끼는 감수성이며, 사람들에게 공감하는 능력이다. 감정선이 좋으면 표현력이 있어서 예체능이나 방송 업종, 예술계에서 자기 능력을 발휘할 수 있다. 감정선은 사주 십성의 식상(食傷)에 비유할 수 있다. 식신과 상관은 자기 표출 능력으로 자기 안의 재능을 바깥으로 표현하는데, 창조적이고 심미적으로 나타낸다. 식신과 상관이 좋으면 예술이나 예능 방면으로 끼가 있다. 식신과 상관은 즐겁게 일하는 능력이며 먹고사는 생활력이다. 손금의 감정선이 좋으면 사주의 식상이 좋을 것이고, 일과 사람을 사랑하며 인생을 긍정적으로 산다.

　팔목에서 중지로 뻗는 운명선은 직업, 일, 의지력, 돈 욕심을 나타낸다. 운명선이 한 줄로 똑바르게 뻗어 있으면 한 직업에 충실하며 성실하게 돈을 번다. 운명선이 희미하거나 끊어져 있으면 한 직장에 오래 있지 못하고, 돈 관념도 희미해서 돈을 많이 벌지 못한다. 운명선은 일운과 돈운을 나타내기에 사주 십성에서 재성(財星)에 비유된다. 재성은 돈 욕심, 일 욕심, 인간관계 욕심이다. 재성이 좋은 사주는 이해 타산이 빨라서 인간관계도 실리적으로 한다. 재성은 주어진 업무를 성실하게 수행하고, 약속과 신용을 중시한다. 사주에서 재성은 두 개가 좋은데, 재성이 네 개 이상이면 직업 변동이 잦고 투잡, 쓰리잡으로 돈을 벌어도 돈 액수만 크지, 실질적으로 '내'가 쓸 돈은 없다.

약지로 뻗는 태양선은 출세, 명예, 사회적 성공을 나타낸다. 태양선이 좋으면, 자기가 하는 일에서 나름의 성과를 낸다. 태양선은 사회에서 이름을 날릴 수 있는 선으로 사주 십성의 인성(印星)에 비유된다. 인성은 공부하는 능력으로 기존 질서 내에서 자기만의 인증서를 획득하여 사회에서 인정받는 십성이다. 사회적 인정(認定)을 받기에 태양선이 발달한 손금은 사주의 인성이 좋을 수 있다. 태양선이 두뇌선에서 출발하여 약지로 뻗으면 관인상생(官印相生)으로 사회에서 출세할 수 있고, 태양선이 감정선에서 시작하면 인성(학식)과 식상(기술)의 시너지 효과로 문화예술 방면에서 성공할 수 있다.

이렇게 성격이나 운명을 예측하는 손금이나 관상을 사주 십성(十星)과 비유해서 설명할 수 있다. 사주나 관상이나 손금은 '나'의 운명에 어떤 행복이 주어져 있는지를 알려주는 위로와 재미의 심리학이다. 사주나 관상이나 손금이 좋다고 해서 인생이 잘 풀리는 것도 아니고, 나쁘다고 해서 인생이 좌절의 연속으로 이어지는 것이 아니다. 사주, 관상, 손금은 인간의 운명을 예측하는, 옛날부터 전해 내려오는 재야(在野)의 이론일 뿐이다. 과학처럼 객관적 지식은 아니다. 사주, 관상, 손금보다 중요한 것은 자기 의지이다. 자기 의지는 책 읽기나 교육으로 생기고, 좋은 인간관계에서 만들어진다. 자기 인생을 행복하게 이끌고 가려면 자기 의지와 노력을 키우는 게 더 좋다.

33. 12운성(運星)의 묘고지(墓庫支)

천간은 합충(合沖)과 생극제화(生剋制化)를 하고, 지지는 합형충파해(合刑沖破害)를 한다. 합이나 생은 '내'가 타인과 협력하며 상호 공생한다는 의미이다. 충극과 형충파해는 '내'가 타인과 부딪치며 깨지거나 변화되어서 새로운 길을 모색한다는 의미이다. 사주를 볼 때 처음 보는 것은 팔자의 생극제화와 합형충파해이고, 그다음에 12운성(12運星)의 흐름을 본다.

12운성은 장생(잘 자람), 목욕(몸을 가꿈), 관대(세상에 나옴), 건록(세상에서 자기 꿈을 펼침), 제왕(인생의 황금기), 쇠(은퇴함), 병(노환으로 아픔), 사(영혼의 쇠락), 묘(몸의 죽음), 절(영혼만 남음), 태(새로운 몸을 만남), 양(보호받으며 자람)을 순환하는 이론이다. 이러한 생명의 순환은 어느 생명체도 피해갈 수 없다. 태어나서 자라고 살다가 죽는 것이 생명체의 진리이다.

12운성 중에서 묘지(墓支)는 고지(庫支)라고 해서 묘고지(墓庫支)

로 읽는다. 묘고지는 무덤에 갇힌 상황으로 답답하지만, 좋은 의미로는 무덤에 보관된 보물이다. 묘고지에 있는 일간(日干)은 '병술(丙戌), 무술(戊戌), 정축(丁丑), 기축(己丑), 임진(壬辰), 계미(癸未)' 일주이다. 이런 일주(日柱)로 태어난 사람은 신중하고 겸손하며 자기 분수를 알고 사람들과 부딪치지 않고 잘 지내려고 한다. 묘고지로 태어난 일주는 자기 무덤 자리여서 누군가의 보호를 받거나 혹은 자기만의 공간에서 혼자만의 삶을 자유롭게 사는 편이다. 이 중에 병술, 무술, 정축, 임진은 백호살도 되고, 무술과 임진은 괴강살도 되지만, 단어가 풍기는 의미처럼 무섭게 작용하지 않는다. 백호살과 괴강살은 목표가 정해지면 물러서지 않는 고집으로 작용할 수 있다.

묘고지(墓庫支)의 지지(地支)는 진미술축(辰未戌丑)이다. '내' 사주에서 진미술축이 있을 때, 진미술축에 어떤 십성(비견, 겁재, 식신, 상관, 정재, 편재, 정관, 편관, 정인, 편인)이 갇히는지에 따라 해석이 달라진다. 여자 사주에 술토(戌土)가 있다면, 을목이나 병화나 무토가 식신일 경우에, 술토 속으로 을목, 병화, 무토가 들어가기에 자식복이 없거나 자식이 없을 수 있다. 식신은 여자에게 자식운을 나타낸다. 이렇게 십성의 의미에 따라 묘고지의 해석이 사주마다 달라진다.

십성의 가족적 의미는 비견은 '나', 겁재는 형제자매, 식신과 상관은 여자에게 자식, 정관과 편관은 남자에게 자식, 편재는 남녀 모두에게 아버지, 정인과 편인은 남녀 모두에게 어머니이다. 정관과 편관은 여자에게 남편이고, 정재는 남자에게 아내이다. 예를 들어, 남자 사주에서 정재가 묘고지에 있으면 아내복이 약하다. 또 여자 사주에서 정관이나 편관이 묘고지에 있으면 남편복이 약하다. 이렇게 어떤 십성이 묘고지에 있는지에 따라 가족 관계의 역학을 알 수 있다. 그러나 사주 이론이 딱 맞지 않기에 묘고지에 있는 가족 관계를 해석할 때 함부로 무섭게 말하면 안 된다. 다만 묘고지에 누가 들어 있는지를 확인하고, 묘고지에 있는 가족에 대해서는 운전이나 질병이나 말을 조심하라고 일러주면 된다.

십성(十星)의 사회적 의미는 비견이 '나', 겁재는 주변 사람들, 식신은 '내'가 좋아서 하는 일, 상관은 '나'와 부딪치는 사람이나 권력 혹은 '내'가 하기 싫어도 해야 하는 일, 정재는 '내'가 성실하게 번 돈, 편재는 들고나는 돈, 정관은 '나'를 합리적으로 다스리는 외부 권력, 편관은 '나'를 힘으로 제압하는 외부 권력, 정인은 '나'를 돕는 조력자, 편인은 '나'와 이해관계가 있는 조력자이다. 예를 들어 진미술축이 들어 있는 세운(歲運)에 식신이 묘고지에 들면, 식신은 일이기 때문에 남녀 모두 하는 일이 잘 풀리지 않거나 혹은 직장에서 구설수가 있다. 이렇게 묘고지에 어떤 십성이 들어가는지에 따라 한 해의 운세를 읽을 수 있다.

2021년은 신축년이다. 신축(辛丑)의 축토(丑土)는 정화(丁火), 기토(己土), 경금(庚金)의 묘고지이다. '내' 사주에서 정화와 기토와 경금이 있다면 어떤 십성인지 알아보고 축토인 묘고지에 대입해보면 신축년의 운을 예측할 수 있다. 예를 들어 '내' 사주에서 정화나 기토나 경금이 돈(재성)이면, 신축년에 돈운이 나쁘지 않다. 돈이 무덤이나 창고에 보관되기 때문이다. 그런데 '내' 사주에서 정화나 기토나 경금이 인성이면, 인성인 어머니가 아파서 병원에 입원할 수 있다. 그러나 인성은 문서운도 되기에 인성이 묘고지에 들면 자격증을 따거나, 합격하거나, 집문서를 가질 수 있다. 이렇게 사주 해석은 긍부정(肯否定)을 동시에 예측해야 하고, 보통은 나쁜 예측보다는 좋은 예측이 더 잘 맞는다.

34. 2022, 임인년(壬寅年) 운세

　임인(壬寅)은 수생목(水生木)으로 식신(食神)이다. 천간(天干) 임수(壬水)는 검은색, 지지(地支) 인목(寅木)은 호랑이로 임인(壬寅)의 물상은 '검은 호랑이'이며 신화 속에 존재하는 영물 이미지이다. 임수는 큰 물, 인목은 큰 나무로 물이 나무를 살리는 식신(먹여살림)의 해이다. 임인은 긴 겨울을 견디고 새로 나온 새싹으로 힘과 생명력이 있다. 임인년은 2019년(기해년), 2020년(경자년), 2021년(신축년)의 해자축(亥子丑) 겨울 3년을 버텨내고 힘차게 올라온 봄의 활기찬 모습이다.
　임인은 식신(食神)으로 먹을 복, 활기, 긍정적, 행동력, 오지랖을 나타낸다. 사주에 식신 하나만 있어도 먹고살 수 있다. 식신은 현실에 적응하는 생활력으로 큰 부자는 못 되어도 소박한 행복감을 느낀다. 식신은 '내'가 생(生) 하는 오행으로 사람들에게 다정하며, 좋은 게 좋다는 인간관계를 맺고, 여자 사주에서 식신이 좋으면 자식복이 좋다. 식신은 먹을 복과 수명 복이기에 임인년(壬寅年)은 세상이 밝은 쪽으로 변화할 가능성이 있다.

새싹들이 활기차게 올라오는 새봄의 땅이 임인(壬寅)이다. 천간 임수(壬水)는 생명수이고, 지지(地支) 인목(寅木)은 생명수를 먹고 자라는 나무이다. 인목의 지장간(支藏干) 무병갑(戊丙甲)은 나무가 울창하게 자라는 산이다. 2021년(신축년)이 씨앗을 품고 있는 언 땅이라면, 2022년(임인년)은 차가운 땅을 뚫고 새싹이 제 모습을 뽐내는 형상이다. 이로 보아 2021년보다 2022년에 여러 부문에서 활기찬 변화가 있을 것이다.

임인(壬寅)은 12운성(12運星)으로 병지(病支)이며, 신살(神煞)로는 역마살(驛馬煞)이다. 병지는 인생의 희로애락을 겪어낸 경험자의 마음이며, 생활의 지혜가 고여 있는 슬기로운 영혼이다. 병지는 환자를 불쌍하게 생각하는 의사의 마음이고, 자식이 잘되기를 바라는 엄마의 마음이고, 인생의 생로병사를 받아들이는 순리의 마음이다. 사물과 사건을 보는 시각이 너그럽고, 갈등을 참는 인내심이 있고, 타협과 조화를 중요하게 생각하기에 임인년에 사람들은 마음을 열고 타인과 소통하며 정신적인 행복을 추구하는 쪽으로 움직일 것이다.

임인(壬寅)에서 지지의 인목(寅木)은 역마살로 새싹이 언 땅을 뚫고 올라오는 활기찬 힘이다. 인목의 새싹은 의욕적이고 꽃샘바람을 이겨내는 힘이 있다. 어려운 상황을 긍정적으로 생각하며 새롭게 어떤 일을 시작하는 용감함이 임인의 역마살이다. 그래서 임인년에는 그동안 힘들었던 사람들이 다시 힘을 내서 무언가를 새로 시작하고, 자기가 하고 싶었던 일을 새로운 마음으로 시도하고, 움츠렸던 생활력에 활기를 불어넣으며 건강하게 움직일 것이다.

임인년이 갑을목(甲乙木) 일간(日干: '내'가 태어난 천간)에게는 수생목(水生木)으로 좋게 작용한다. 병정화(丙丁火) 일간에게도 인목이 병정화를 목생화(木生火)하기에 나쁘지 않다. 무기토(戊己土) 일간은 무기토가 임수를 토극수(土剋水)하고, 지지의 인목이 천간 무기토를 목극토(木剋土) 하기에 건강과 돈 문제를 조심해야 한다. 경신금(庚辛金) 일간은 경신금이 임수를 금생수(金生水) 하지만, 지지의 인목을 금극목(金剋木) 하기에 돈 문제와 건강을 조심해야 한다. 임계수(壬癸水) 일간은 지지의 인목을 수생목(水生木) 하기에 무언가 새로운 일을 벌일 수 있다. 그러나 이러한 해석은 단편적일 뿐 각각의 사주 구성에 따라 임인(壬寅)의 글자가 각양각색으로 변하면서 움직인다.

지지(地支)의 인목은 인사신(寅巳申) 삼형살, 인미(寅未) 귀문관살, 인신(寅申) 충살, 인유(寅酉) 원진살을 짜기에 지지에 사신미유(巳申未酉)가 있으면 2022년에는 사람, 일, 돈, 말, 건강을 조심해야 한다. 그러나 지지에 인해(寅亥) 합, 인오술(寅午戌) 삼합, 인묘진(寅卯辰) 방합을 짜는 해오술묘진(亥午戌卯辰)이 있으면 합(合)으로 인해 형충살(刑冲煞)이 해소될 수 있다. 사주 이론에서 합(合)은 충(冲)을 없애고, 생(生)은 극(剋)을 없애기 때문이다. 사주는 음양오행이 골고루 중화된 사주가 좋다. 사주가 너무 차갑거나 너무 뜨거워서 어느 한쪽으로 치우친 사주는 들어오는 대운(10년간 작용)이나 세운(1년간 작용)이 사주의 기운을 중화하는 쪽으로 움직여야 사주가 좋아진다. 2022년 임인년부터 2027년까지 6년간 사주가 더워지는 쪽으로 흐르니 사주에 찬 기운이 많은 사람은 앞으로 점점 더 편안해지고 생활이 좋아질 것이다.

35. 임인년(壬寅年)과 십천간(十天干)의 관계

  임인년(壬寅年)은 갑을병정무기경신임계(甲乙丙丁戊己庚辛壬癸)에 각각 다르게 작용한다.
  갑목일간(甲木日干)에게 임인은 좋게 작용한다. 갑목에게 임인은 편인과 비견으로, 편인은 공부운이나 문서운으로 작용하고, 비견은 도움이 되는 사람이 생긴다는 의미이다. 갑목에게 인목은 건록(建祿)이라서 학생이라면 합격운으로, 성인이라면 문서나 승진운으로 작용한다. 그러나 갑신(甲申)일주는 지지에서 인신충을 하기에 건강, 술, 운전을 조심해야 한다.
  을목일간(乙木日干)도 임인이 나쁘지 않다. 을목에게 임수는 정인이고, 인목은 겁재이지만, 을목에게 겁재는 을목이 기댈 수 있는 기둥이다. 을목에게 인목은 제왕(帝旺)이라서 하는 일에서 성취가 있을 것이다. 정인은 문서운, 공부운, 승진운으로 작용하고, 겁재는 건강운으로 작용한다. 그러나 을미(乙未)일주는 인목과 귀문관살, 을유

(乙酉)일주는 인목과 원진살이니 마음공부에 힘쓰고 갈등 상황을 만들지 말아야 한다.

병화일간(丙火日干)에게 임인은 편관과 편인이다. 병화에게 임수 편관은 스트레스이지만, 인목이 장생(長生)이라서 스트레스를 이겨낼 수 있다. 오히려 병화에게 임인년이 관인상생(官印相生)이기에 하는 일이 잘 풀릴 수 있고, 그동안 해온 일이 성과를 낼 수 있다. 그러나 병신(丙申)일주는 임인과 병임충(丙壬沖), 인신충(寅申沖)을 하니까 운전, 말, 건강, 돈 문제를 조심해야 한다.

정화일간(丁火日干)에게 임인은 정관과 정인으로 관인상생한다. 정화는 임수와 정임합목(丁壬合木)을 하고, 인목은 목생화로 정화가 꺼지지 않게 한다. 정화에게 인목은 사지(死支)라서 조용하게 살지만, 정관은 승진운, 정인은 합격운, 성취운으로 작용할 수 있다. 그러나 정미(丁未)일주는 인목과 귀문관살, 정유(丁酉)일주는 인목과 원진살이기에 사람들과 갈등을 만들지 말아야 한다.

무토일간(戊土日干)에게 임인년은 편재와 편관이다. 재생관으로 스트레스가 있지만 무토에게 인목은 장생이라서 꾸준히 노력해온 사람은 좋은 성과를 거둘 수 있다. 편재는 돈이고, 편관은 사회적 인정이기에 성공운으로 작용할 수 있다. 그리고 무신(戊申)일주는 천간 임수와 무임충, 지지(地支) 인목과 인신충을 하니까 건강이나, 운전, 사람 사이의 갈등을 조심해야 한다.

기토일간(己土日干)은 임인년이 정재와 정관이다. 정재와 정관이 재생관(財生官)하면서 무탈하게 지나가지만, 기토에게 인목은 사지(死支)이기에 건강관리에 힘쓰면 좋다. 기미(己未)일주는 인목과 귀문관살, 기유(己酉)일주는 인목과 원진살이기에 마음공부를 하는 게 좋다.

경금일간(庚金日干)에게 임인은 식신과 편재이다. 경금은 임인년이 식신생재(食神生財)이기에 열심히 노력만 하면 재운(財運)이 나쁘지 않다. 식신으로 능력을 펼치고, 편재로 노력의 결과물을 손에 쥘 수 있다. 그러나 경금에게 인목은 절지(絶支)라서 위기를 겪지만, 절지는 절처봉생(絶處逢生)을 하기에 새로운 방향에서 의외의 좋은 결과를 맞이할 수 있다. 경신(庚申)일주는 지지의 인목과 충을 하기에 말조심, 돈조심을 해야 한다.

신금일간(辛金日干)에게 임인은 상관과 정재로 상관생재(傷官生財)하기에 재운(財運)이 나쁘지 않다. 그러나 신금에게 인목은 태지(胎支)라서 조심해야 하고, 상관이 구설수와 직장변동이기에 말실수를 하지 않아야 한다. 그리고 신미(辛未)일주는 귀문관살, 신유(辛酉)일주는 원진살이 작용하기에 마음공부를 하는 게 좋다.

임수일간(壬水日干)에게 임인년은 비견과 식신이다. 비견과 식신은 하고자 하는 일을 열심히 하며 돈벌이를 한다. 그러나 임수에게 인목이 병지(病支)라서 건강관리를 해야 한다. 그리고 임신(壬申)일주는 지지에서 인목과 인신충을 하기에 매사 조심해야 한다.

계수일간(癸水日干)에게 임인은 겁재와 상관이다. 겁재와 상관은 부정적으로 작용하기에 인간관계에서 갈등을 만들지 말아야 한다. 계수에게 인목은 목욕(沐浴)이라서 망신당할 수 있기에 겸손해야 한다. 계미(癸未)일주는 인목과 귀문관살, 계유(癸酉) 일주는 인목과 원진살이 작용하기에 마음 관리를 잘해야 한다. 귀문관살은 신경이 예민해지고, 원진살은 좋았다 싫었다 하는 마음의 변덕이다.
    이렇게 십천간에 따라 임인년의 작용을 단편적으로 알아보았다. 그러나 각각의 사주 구성에 따라서 더 다양하게 운의 흐름이 바뀔 수 있다.

36. 2022, 임인년(壬寅年)과 재물운

2022년은 임인년(壬寅年)이다. 임인은 천간(天干) 임수(壬水)와 지지(地支) 인목(寅木)이 짝을 이루어서 '물을 흠뻑 먹고 자라는 나무'이다. 인목 나무가 잘 자라려면 태양과 흙과 물이 필요하다. 그런데 인목의 지장간(支藏干)이 무병갑(戊丙甲)이다. 무토(戊土)는 흙, 병화(丙火)는 태양, 갑목(甲木)은 나무이며, 천간 임수는 물이기에 임인(壬寅)의 나무는 물과 흙과 태양을 모두 가지고 있는 나무이다. 그래서 임인(壬寅)은 살기에 부족함이 없어서 노력만 하면 돈도 벌고, 자기 성공도 하고, 건강하게 살 수 있는 간지(干支)이다.

임수(壬水)에게 인목(寅木)의 지장간 무토는 편관(偏官)이고, 병화는 편재(偏財)이고, 갑목은 식신(食神)이다. 편관은 스트레스로서 힘든 외부 상황을 견뎌내는 인내력이고, 편재는 열심히 일해서 돈을 벌려고 하는 욕망이고, 식신은 즐겁게 일하면서 소박하게 행복감을 느끼는 마음이다. 이렇게 임인년은 주어진 스트레스를 이겨내고 돈을 벌면서 먹고사는 일을 해결하는 새해가 될 것이고, 임인년의 이런 성향이 2022년을 밝고 활기차게 만들 것이다.

사주에는 십성(十星)이 있는데, 비견(자신감), 겁재(승부욕), 식신(순응력), 상관(경쟁심), 정재(성실함), 편재(활동력), 정관(모범적), 편관(인내력), 정인(인정받음), 편인(눈치빠름)이다. 십성은 이렇게 긍정적 의미도 있지만 부정적 의미도 있다. 비견(고집), 겁재(질투심), 식신(끈기 없음), 상관(구설수), 정재(구두쇠), 편재(투기), 정관(고지식), 편관(분노), 정인(의존함), 편인(의심)으로 부정적 의미도 있다. 각각의 십성이 긍정적인지, 부정적인지는 각 개인의 사주팔자 구성에 따라 다르게 나타난다.

임인년은 식신의 해이다. 식신은 좋은 의미로는 먹을 복, 일복, 수명복, 건강복이다. 식신은 무리하게 일하지 않으며, 자기 깜냥만큼 일하고 놀고 인간관계를 맺기에 십성(十星) 중에서 욕망과 욕심이 적은 편이다. 식신은 요즘 말로 하면 '소박하고 확실한 행복'을 추구하는 스타일이다. 식신은 타인들이 어떻게 살든 질투하거나 시기하지 않으며 자기 인생에 만족한다. 식신은 자기식의 삶을 살아가는 개성이고, 타인에게 잘 보이려고 하는 마음이 적은 편이다. 식신은 자기만의 삶을 창조하고 가난하든 부유하든 개의치 않고 자기를 사랑하는 능력이다. 2022년(임인년)은 식신의 해이기에 사회 전반적으로 2021년(신축년)보다 개성이 넘치고 활기차고 개개인이 각자의 삶에서 자존감과 자부심으로 활발하게 매진하는 해가 될 것이다.

임인년 이후 봄의 인묘진(寅卯辰), 여름의 사오미(巳午未)로 운(運)이 흐른다. 봄에는 새싹을 내고, 여름에는 새싹이 자라서 꽃을 피우고 열매를 맺으며 활기차게 움직일 것이다. 이렇게 앞으로 6년간 사주가 따뜻하게 흐르기에, 무언가 준비하면서 열심히 노력한 사람은 봄여름의 생동력을 맞이하여 자기 성취를 하고 자기가 소망하는 삶을 살 가능성이 있다. 임인년부터 이미 선진국이 된 나라들이나 우리나라도 이전보다 더 많은 GDP(국내총생산)를 산출할 것이다. 이런 경제 성장이 예전처럼 인간의 노동력으로 성장하는 게 아니라, 과학기술의 성과로 성장할 것이다. 그러나 각 나라가 경제 성장을 이룰지라도, 빈부 격차를 해결할 수 없을 것이다.

임인년은 재물운을 이루기 위해 초석을 까는 해이다. 초석을 잘 깔고 열심히 일하면 임인년 이후 2023년 계묘년(癸卯年)에 작은 성과가 보일 것이며, 계묘년 이후 갑진년(甲辰年)에는 풍성한 결과물이 창출될 것이다. 이렇게 임인년에는 경제는 성장할 가능성이 있는데, 문제는 분배의 공정함이다. 각 나라가 분배를 어떻게 하느냐에 따라 사회적 안전망이 긍정적일지 부정적일지 판가름 날 것이다. 나라가 살아남는 근원은 성장도 중요하고 분배도 중요하기에 분배 문제를 공평하게 해결하는 똑똑한 지도자가 있어야 나라가 더 좋은 방향으로 발전할 것이다.

임인(壬寅) 두 글자가 각각의 사주에 따라 다르게 작용하지만, 임인년(壬寅年)은 성장을 시작하는 해이다. 임인년이 식신생재(食神生財)로 가는 초입이기에 재물운이 좋아질 수 있다. 그래서 무언가 새로운 일을 하려고 계획했던 사람들은 용기를 내서 일을 시작하는 게 좋다. 일하면 돈을 벌게 되고, 일하지 않으면 돈을 벌지 못한다. 임인년은 시작의 의미인 식신의 해이기에 그동안 하고자 했던 공부도 시작하고, 일도 새롭게 엮어가면서 열심히 하면 성과가 있을 것이다. 그리고 식신은 사람을 배려하는 능력이기에 그동안 인간관계가 힘들었다면 사랑과 이해심의 마음으로 2022년을 시작하면 좋을 것이다.

37. 십천간(十天干)과 십성(十星)의 의미

십천간은 갑을병정무기경신임계(甲乙丙丁戊己庚辛壬癸)로 자연물을 상징하며 모든 사람은 이 십천간 중 하나로 태어난다.

갑을(甲乙)은 나무이며 위로 솟는 힘이 강하고 온화하고 부드럽다. 신체로는 간, 담, 근골, 사지, 관절, 모발이다. 갑을목(甲乙木)은 목재, 가구, 섬유, 장식, 지업사, 종자, 꽃집, 원예, 묘목을 상징한다.

병정(丙丁)은 불이며 내유외강으로 밝고 열정적이며 다정하고 공손하며 공상이 많고 화려하다. 신체로는 심장, 소장, 혈맥, 눈동자, 신경계이다. 병정화(丙丁火)는 공학자, 조명, 연예, 석유화학, 화장품, 장식품, 문학, 예술, 학술, 사상, 사진, 영화, 교육자, 출판, 정치를 상징한다.

무기(戊己)는 흙이며 포용성이 있고 중용을 추구하고 신뢰감이 있고 신중하다. 신체로는 비장, 위장, 소화기계, 살, 피부이다. 무기토(戊己土)는 부동산, 농축산업, 건축, 제방, 골동품, 중개인, 관리자,

장의사, 종교인을 상징한다.

경신(庚辛)은 열매와 씨앗, 광물과 바위이며 균형을 추구하고 결단력과 의협심이 있고 단순하다. 신체로는 폐, 기관지, 대장, 어깨, 코, 골격, 치아이다. 경신금(庚辛金)은 공학자, 건축업, 검경, 군인, 법률가, 감정사, 세무관, 자동차, 금융, 광산, 벌목을 상징한다.

임계(壬癸)는 물이며 외유내강으로 유연하고 지혜롭고 총명하며 임기응변이 있다. 신체로는 신장, 방광, 뇌, 골수, 혈액, 생식기이다. 임계수(壬癸水)는 연구원, 학자, 해운업, 여행사, 냉장, 냉동, 보관소, 가전제품, 의료, 의약, 병원을 상징한다.

십성(十星)은 갑을병정무기경신임계에 인간적 사회적 의미를 붙인 것으로 비견, 겁재, 식신, 상관, 정재, 편재, 정관, 편관, 정인, 편인이다.

비견(比肩)은 동업자, 친구, 자신감, 자주성, 협동, 합작이다. 겁재(劫財)는 '내' 소유물을 빼앗아 가는 사람, 공격성, 투기, 모험, 허풍, 질투, 호승심, 이해타산이다. 비견과 겁재의 직업은 사업가, 운동선수, 외교관, 중개인, 증권인, 정치인, 군인, 검경, 장사 일이다. 사주에 비겁이 네 개 이상이면 제멋대로이고 고집이 세고 타인을 인정하지 않는 오만함이 있기에 겸손한 마음을 연습하면 사회생활을 잘할 수 있다.

식신(食神)은 좋아서 하는 일, 사랑, 말재간, 낭만, 설득력, 즐거움, 자유 영혼, 발명이다. 상관(傷官)은 제멋대로 좋아하다 내팽개치는 마음, 비상식, 반골, 손재주, 예술, 예능, 창조, 개척, 호기심, 과장, 허세, 교만이다. 식상(食傷)의 직업은 학자, 교사, 의약사, 사상가, 작가, 미식가, 연설가, 연예인, 예술인, 발명가가 좋다. 사주에 식상이 네 개 이상이면 구속을 싫어하고 트집 잡기를 잘하고 냉소하고 말로 사람에게 상처를 주기에 구설수가 있다.

정재(正財)는 소유하는 물건, 알뜰살뜰 모은 돈, 인맥 관리, 월급, 성실함이다. 편재(偏財)는 현실적, 과시적, 지배적, 오지랖, 수완가, 주식, 투기, 한탕주의, 증여, 뇌물, 도박, 사채업, 모으기보다는 벌면서 쓰는 돈이다. 사주에 재성(財星)이 좋으면 사업가, 회사원, 세무사, 장사, 증권인, 변호사, 연설가가 좋다. 사주에 재성이 네 개 이상이면 허세가 있고 사기꾼의 기질이 있고 과소비를 하다가 빚을 질 수 있다.

정관(正官)은 올바름, 규칙, 기준, 합리적, 책임감, 정의감, 타협이다. 편관(偏官)은 권위, 반격, 지모, 총명, 감성적, 완전히 굴복시킴이다. 관성(官星)의 직업은 공무원, 경찰, 법관, 군인, 검사, 의사, 정치인, 법조인이다. 사주에 관성이 네 개 이상이면 건강이 약하고 부정의나 부도덕에 굴복당하거나 우울증과 불안증을 앓거나 병원 입원수나 사고사건수가 있다.

정인(正印)은 온건함, 인자함, 명예, 관용, 근면, 성실, 편안함이다. 편인(偏印)은 예민함, 총명함, 창의성, 고독함, 의심이다. 인성(印星)의 직업은 교육자, 의약사, 예술가, 역술인, 종교인, 편집자, 제작자, 설계사, 학자, 연구원이다. 사주에 인성이 네 개 이상이면 만사태평이고 비사회적이며 의존적이기에 독립성을 키우며 부지런한 생활을 하는 게 좋다.

이렇게 십천간과 십성의 의미를 알고 있으면 사주를 해석할 때 응용할 수 있고, 운의 흐름을 예측할 수 있다. 그리고 십천간과 십성은 사주 구성에 따라 상대적인 관계성으로 움직인다.

38. 사주 지지의 인묘진(寅卯辰)

지지(地支)의 인묘진(寅卯辰)은 봄을 상징한다. 인목은 양력 2월, 묘목은 양력 3월, 진토는 양력 4월이다. 인묘진은 2월, 3월, 4월로 봄의 방합(方合)을 짠다. 사주 지지에 인묘진 세 글자가 붙어 있으면, 그 사주는 봄의 특징이 강하다. 봄의 특징은 위로 솟는 힘이며, 앞으로 나아가는 추진력이며, 긴 겨울을 버틴 새싹으로 두려움이 없이 자란다.

인목(寅木)은 양력 1월(차가운 축토의 기운)을 버티고 나온 입춘(양력 2월)의 새싹으로 의지력, 추진력, 경쟁력이 좋다. 인목은 동물로는 호랑이인데, 호랑이처럼 기운차며, 한밤중을 지키는 산신처럼 용감하다. 호랑이는 활동할 때 순간적 공격력이 있듯이, 입춘이 지나서 나오는 인목의 새싹은 하룻밤 사이에 쑥 올라와 있다. 우리나라는 예부터 호랑이를 산신으로 모시기에 인목은 우리나라를 상징한다.

인목은 양력 2월로 입춘의 달이며 인목의 지장간(支藏干)은 흙(무토)과 태양(병화)과 나무(갑목)이다. 모든 지지(地支)에는 지장간이 있는데, 지장간은 지지에 있는 천간(天干)이다. 겨울의 언 땅을 뚫고 태양의 기운으로 땅 위로 올라온 인목은 움직임과 추진력이 좋아서 역마살(驛馬煞)이다. 역마살은 활동력과 생동감이다. 초봄의 나무가 매일 새롭게 모습을 변화하듯이 인목도 변화의 묘미가 있다. 사주에 인목이 있으면 낙천적으로 활기차게 움직인다. 인목은 희망이나 긍정의 힘이며 겁 없는 어린이처럼 능동적으로 삶을 이끌어간다.

묘목(卯木)은 양력 3월로 경칩의 달이며 겨울잠을 자던 생명체들이 봄을 맞이하여 자기 존재를 드러낸 모습이다. 묘목은 꽃, 농작물의 어린 순, 산토끼, 어린이이다. 묘목의 지장간(支藏干)은 갑을(甲乙)인데, 갑을은 봄에 태어나서 쑥쑥 자라는 생명체이다. 3월의 꽃들은 싱싱하고 발랄하며 긴 겨울을 잊게 하는 명랑함과 희망이 있다. 묘목은 3월의 꽃샘추위를 견디는 강인함이 있기에 도화살(桃花煞)이다. 도화살은 사람들을 홀려서 자기 편으로 만드는 힘으로, 3월의 묘목이나 꽃이나 어린이의 밝은 볼은 사람의 눈을 끈다.

진토(辰土)는 양력 4월로 청명(淸明)의 계절이며 천지가 맑은 기운이 가득한 달이다. 온갖 꽃이 만발하게 자라는 대지이다. 진토는 봄을 마무리하고 여름을 시작하는 환절기로 매개자 역할을 하기에 진토의 땅에는 봄과 여름 기운이 함께 한다. 진토의 지장간은 을계무(乙癸戊)로 꽃(을목)이 대지(무토)에서 수분(계수)을 섭취하며 잘 자라는 형상이다. 진토는 신금(辛金)과 임수(壬水)의 묘고지(墓庫支)로 차가운 겨울 기운이 완전히 사라진 대지이다. 신금(辛金: 지난해 수확한 씨앗)은 양력 4월(진월)에 잎사귀나 꽃잎으로 변하고, 임수(壬水:

씨앗을 보관하는 차가운 물)도 진월(辰月)이 되면 따스한 물로 변하기 시작한다. 이렇게 진토에서 겨울의 차가운 기운이 사라지고 따스한 봄기운이 천지에 가득해진다. 진토는 동물로는 용인데, 용이 물을 만나면 승천해서 하늘로 올라가듯이, 진토에서 생명체들은 무궁무진하게 매일 변화하며 살고 있다. 진토는 식물이 열매를 맺기 위해 온갖 영양분이 가득한 땅이다.

 진토는 묘고지(墓庫支)로 화개살(華蓋煞)인데, 화개살은 꽃무덤이다. 역학자마다 화개살을 부정적으로도 긍정적으로도 해석하는데, 부정적 의미는 무덤에 갇힌 마음과 몸이고, 긍정적 의미는 재물이 보관된 창고이다. 진토의 묘고지에는 신금(辛金)과 임수(壬水)가 저장되기에 각각의 사주에서 신금과 임수의 십성(十星)과 육친(혈육)을 계산하고 묘고지로 해석하면 된다. 예를 들어 사주에서 신금(辛金)이 정재(正財)이면 진토에 신금이 저장되기에 재물운이 좋고, 신금이 편재(偏財)이면 편재는 아버지이기에 진토의 해(年)에 아버지가 병원에 입원하거나 임종할 수 있다.

 인목은 인사신(寅巳申) 삼형살(三刑煞)을 조심하고, 묘목은 묘유충(卯酉沖)을 조심하고, 진토는 진술충(辰戌沖)을 조심해야 한다. 인목은 해수를 만나면 인해합목(寅亥合木)도 되며 인해파(寅亥破)도 되지만, 합(合)으로 볼지 파(破)로 볼지는 사주보는 사람이 알아서 선택할 문제이다. 그러나 사주는 먼저 좋은 쪽으로 움직이기에 인해가 합으로 작용해서 나무가 우렁차게 자라는 형상으로 보는 게 더 좋다.

 묘목은 묘유충 외에 묘오파(卯午破)나 묘진해(卯辰害)가 있는데, 묘오는 목생화(木生火)가 되고, 묘진은 묘진 합(合)이 되기에 파나

해는 크게 작용하지 않는다. 진토는 진술충(辰戌沖)을 하고, 진축파(辰丑破)를 하고, 진묘해(辰卯害)를 하지만, 진술충에서 지장간들이 부서져도 토기운(土氣運)이 살아남기에 토 기운으로 읽어주면 된다. 묘진해는 방합으로 목기운(木氣運)이 되고, 진축파도 지장간에서 을신충(乙辛沖), 계기충(癸己沖)이 있지만, 무계합화(戊癸合火)도 있기에 크게 영향을 미치지 않는다.

인묘진은 이렇게 인목에서 봄을 열고 묘목에서 봄을 완성하고 진토에서 봄을 끝내고 여름으로 향한다. 사주에 인묘진(寅卯辰)이 있으면 삶이 힘들어도 희망과 추진력을 잃지 않는다.

39. 사주 지지의 사오미(巳午未)

　사오미(巳午未)는 사화(巳火), 오화(午火), 미토(未土)라고 읽는다. 사화의 지장간은 무경병(戊庚丙)이고, 오화의 지장간은 병기정(丙己丁)이고, 미토의 지장간은 정을기(丁乙己)이다. 사오미의 지장간에는 병정(丙丁)의 불기운이 공통으로 있어서 사오미를 불기운의 방합(方合)이라고 하고 여름이라고 한다. 사오미는 사람의 성장기에 비유하면 잘 자란 성년과 사회생활을 열심히 하는 20대, 30대 청년이다.

　사화(巳火)는 동물로는 뱀이고, 양력 5월로 입하(立夏)의 달이다. 양력 5월에서 여름이 시작되기에 역마살이다. 역마살은 시작과 변화를 나타낸다. 사화는 오전 9시 반에서 11시 반으로 아침 먹고 아침의 정신력으로 하루 일을 시작하기에 일에서 추진력을 발휘하는 시간이다. 몸 상태도 좋고 정신도 말짱한 시간이다. 그래서 활발한 아이디어, 화려함, 문화, 문명의 창조나 건설을 상징한다.

　사화의 계절(양력 5월)에 가을에 수확할 열매(경금)가 생기기 시작한다. 사화의 지장간에 있는 경금은 딱딱한 망울이다. 사화의 지장간 무경병(戊庚丙)은 대지(무토)에서 봄에 태어난 식물들이 열매(庚金)가 되기 위해 태양(丙火)의 기운으로 무럭무럭 자라는 형상이다. 사화(巳火)는 해수(亥水)와 충(沖)을 하고, 인사신(寅巳申)과 만나서 삼형살(三刑煞)을 짠다. 삼형살이 있으면 사람과 싸우고 소송수가 있고 구설수가 있고 다칠 수 있기에, 말조심하고 운전 조심하고 돈을 빌리거나 빌려주지 말아야 한다. 인사(寅巳)는 해(害)를 하지만 목생화(木生火)도 되기에 해(害)의 피해는 크지 않다. 사화는 신금(申金)과 합(合)도 하고, 파(破)도 하지만 사신합수(巳申合水)가 먼저이기에 합으로 본다.

오화(午火)는 동물로는 말이고, 양력 6월 망종(芒種)의 달로 보리를 수확하며 논에서는 모내기를 시작하는 달이다. 시간으로는 오전 11시 반에서 오후 1시 반으로 오전과 오후를 매개한다. 오전에 해야 할 일을 해놓고 점심을 먹고, 오후에 할 일을 계획하며 느긋하게 휴식을 즐기는 시간이다. 양력 6월에 만물이 태양의 기운을 먹고 한껏 자라기에 오화(午火)는 도화살이다. 도화살은 사람을 끄는 매력이다. 사람에게 비유하면 완전한 성인으로 가장 아름다운 시절이며 직장에서 인정받고 자기 성취를 누리는 시기이다. 결혼해서 새 가정을 꾸리기도 하고, 경제활동을 하면서 돈 버는 활동을 활발하게 하는 시기이다.

오화는 운동성이 활발하기에 역마살이다. 역마살(驛馬煞)의 마가 말 마(馬)이기에 뛰어다니는 활동성이 좋다. 오화는 화려한 도시 문명, 과학적 성과, 학구열, 연구열, 건설, 건축, 토목이다. 사주에 오화가 있으면 긍정적이고 명랑하고 낙천적이다.

오화는 미토(未土)와 오미 합(合)을 하고, 자수(子水)와 자오 충(沖)을 하고, 묘목(卯木)과 오묘 파(破)를 하고, 축토(丑土)와 축오 해(害), 축오 원진살, 축오 귀문관살을 짠다. 오화에게 가장 해로운 지지는 축토이다. 축토는 한겨울의 꽁꽁 언 땅으로 축토가 오화의 열기를 만나면 축토 속의 신금(씨앗, 정자, 난자)이 녹아 없어지기에, 오화가 축토 속의 씨를 말리는 형상이라서 오화와 축토가 만나면 되는 일이 없다. 이럴 때는 축토와 합하는 자수가 있거나, 오화와 합하는 미토가 있어야 오축(午丑)이 부정적으로 작용하지 않는다.

미토(未土)는 동물로는 양이고, 양력 7월이며 소서(小暑)의 달로 본격적인 무더위의 달이다. 시간으로는 오후 1시 반에서 3시 반으로 하루의 할 일을 마무리 하는 시간이며, 문명문화의 절정기인 꽃이 활짝 피어난 모습이다. 미토의 지장간 정을기(丁乙己)는 열기가 후끈거리는 땅에서 꽃이 화려하게 피어있는 형상이다. 미토에서 식물은 맛이 들고, 과일은 익어가고, 오곡은 열매로 익어가고, 사람은 과학과 학문을 한껏 발달시킨다. 미토는 문명문화의 절정기이다. 모든 생명체는 미토에서 제모습을 완연히 드러낸다.

미토는 오화와 오미(午未) 합이 되어 생명체의 크기를 최대한 키운다. 미토는 축술미 삼형살(三刑煞)을 짜고, 축토와 축미 충(沖)을 하고, 술토와 술미파(破)를 하고, 자수와 자미 해(害), 자미(子未) 원진살을 짜고, 인목과 인미(寅未) 귀문관살을 짠다. 축술미 삼형살이 있으면 운전 조심, 건강 조심, 말조심하고, 돈을 빌리거나 빌려주면 안 된다.

미토가 사오(巳午)를 만나면 사오미(巳午未) 방합으로 화(火)기운이 되고, 해묘(亥卯)를 만나면 해묘미(亥卯未) 삼합이 되어서 목(木) 기운이 된다. 미토는 갑목(甲木)과 계수(癸水)의 묘고지(墓庫支)이기에 미토인 양력 7월에 봄에 자라기 시작한 나무(갑목)는 성장을 멈추고, 미토에서 겨울의 차가운 물기운(계수)은 완전히 사라진다.

사오미(巳午未) 여름에서 생명체는 가장 활발하고 가장 열정적이며 자기 모습을 온전하게 드러내는 계절이다. 여름이 있어야 열매가 생긴다. 여름의 어원은 열매이기에 여름에 열매를 맺어야 가을에 수확할 재물을 얻는다. 사주에 사오미 글자 중 하나는 있어야 활동운과 재물운이 좋아진다. 사오미(巳午未)는 방합을 짜서 여름을 완성하고, 봄에 새로 나온 생명(갑을목)을 완전하게 성장시킨다.

인묘진(寅卯辰)의 봄에는 태어나서 자라며 학교 다니는 시기이고, 사오미(巳午未)의 여름에는 완전한 성인이 되어 사회생활을 하며 직장에 취직하고 결혼하고 돈 벌고 집 사고 재산을 늘리는 시기이다. 신유술(申酉戌)의 가을에는 열매와 씨앗을 수확하며, 독서 하며 영혼을 가다듬고 인생을 성찰하고 내실을 다지고, 해자축(亥子丑)의 겨울에는 병들어 죽음을 맞이하며 새로운 씨앗으로 윤회하기를 바라며 마음공부를 하는 시기이다.

40. 사주 지지의 신유술(申酉戌)

 신유술(申酉戌)은 추수하고 갈무리하는 가을이다. 신금(申金)은 단단한 열매, 유금(酉金)은 정자, 난자, 열매 속의 씨앗이다. 가을의 신유술(申酉戌)에서 신유(申酉)는 봄의 인묘(寅卯)의 결과물로 벌어들인 재물이나 소유물이다. 술토(戌土)는 수확한 생명체의 핵을 보관하는 묘고지(墓庫支)이다.
 신금(申金)은 동물로는 원숭이이고, 양력 8월로 입추가 시작되며 오곡이 익어가고 과일은 열매를 맺는 시기이다. 시간으로는 오후 3시 반에서 5시 반으로 하루 일의 성과나 나타나고, 퇴근하기 위해 하루 일을 정리하는 시간이다. 신금의 지장간은 무임경(戊壬庚)으로 오곡의 열매(경금)가 대지(무토)에서 물(임수)을 영양분 삼아 알차게 맛이 드는 형상이다. 신금은 가을이 시작되는 입추의 달이기에 역마살로 활동력이 좋다. 양력 8월에는 열매가 맛이 들기 위해 열심히 햇살과 비로 식물과 곡물을 한껏 키우는 운동을 한다.

신금은 숙살(肅殺)의 기운으로 맺고 끊는 기운이 있어서 부실한 열매는 버리고 건강한 열매는 더 단단하게 만든다. 신금은 사화와 사신(巳申) 합수(合水)를 하고, 인목과 사화와 만나서 인사신(寅巳申) 삼형살을 짜고, 인목과 인신충(寅申沖)을 한다. 사화와 신금은 사신(巳申) 파(破)가 있지만, 사신합수(巳申合水)을 먼저 하기에 파는 작용하지 않는다. 신금이 해수와 만나면 신해해(申亥害)를 하고, 묘목과 만나면 신묘(申卯) 원진살과 귀문관살을 짠다.

신금은 사화와는 합(合)도, 형(刑)도, 파(破)도 하지만, 신금과 사화는 합으로만 해석해도 된다. 사주 이론에서 합(合)이나 생(生)이 형충파해(刑沖破害)보다 먼저 작용한다. 그래서 신금과 사화는 파(破)나 형(刑)을 하기보다는 합(合)을 먼저 한다. 신금의 지장간 무임경과 사화의 지장간 무경병에서 병임충(丙壬沖) 때문에 신금과 사화를 파나 형으로 보는데, 사화의 병화(태양)가 있어야 신금의 임수(바다)가 빛을 발해서 더 아름다운 풍경이 되기에, 사화와 신금은 파나 형을 하기보다는 합을 한다. 바닷물 임수에 햇볕 병화가 내리쬐면 바닷물은 한층 더 밝게 빛난다. 그래서 신금과 사화를 파나 형으로 읽지 말고 합으로만 읽어도 된다.

유금(酉金)은 천간의 신금(辛金)이다. 유금은 동물로는 닭이며, 양력 9월로 백로(맑고 깨끗한 하얀 이슬)의 달이다. 시간으로는 오후 5시 반에서 7시 반으로 일과를 마치고 퇴근하는 시간이다. 양력 9월이면 열매가 익어가고 곡식도 영글어간다. 9월의 태양 빛으로 온갖 먹을거리는 영양분을 쌓아가며 수확할 수 있는 열매와 씨앗으로 변한다. 인간의 성장기에 비유한다면 몸집 불리기를 멈추고, 정신과 영혼의 힘을 키우는 독서의 계절이며 성찰의 시기이다.

유금은 한 해의 농사가 마무리되기 직전의 달로 가을 열매가 맛이 들며, 씨앗이 영글어지기에 도화살(桃花煞)이다. 도화살은 사람을 끄는 매력이다. 봄의 묘목(卯木)도 도화살인데, 묘목의 도화살이 귀엽고 예쁘고 순진하다면, 유금(酉金)의 도화살은 성숙한 아름다움이다. 봄의 묘목(卯木)이 가을의 실과(實果)가 된 모습이 유금(酉金)이다. 그래서 유금의 지장간에는 경신(庚辛: 열매와 씨앗)만 있다. 유금은 진토와 유진합금(酉辰合金)을 하고, 묘목과 묘유충(卯酉沖)을 하고, 자수와 자유파(子酉破)와 귀문관살을 짜며, 술토와 유술해(酉戌害)를 한다. 유금은 인목(寅木)과 원진살이 있다. 유금이 묘목(卯木)과 충(沖) 하면 뼈, 관절, 척추, 허리, 목이 약하다. 사주에 유금이 있으면 열매와 씨앗으로 완성된 모습이기에 합리적이고 실제적이며 단순하다.

술토는 동물로는 개이며 양력 10월 한로(寒露)의 달로 추수하는 달이다. 시간으로는 저녁 7시 반에서 9시 반으로 하루 일을 끝내고 정리하는 시간이다. 술토는 꼭 필요한 것들만 보호하고 보관하는 묘고지(墓庫支)이다. 술토의 지장간 신정무(辛丁戊)는 씨앗(신금)을 따스하게(정화) 저장하는 흙(무토)이다. 다음 해 봄이 오면 술토 속의 신금(열매와 씨앗)은 인묘(새싹)로 변해서 언 땅을 뚫고 오르는 힘이 된다.

술토는 을목(乙木)과 병화(丙火)와 무토(戊土)를 저장하는 묘고지로 화개살이다. 을목은 씨앗의 싹이고, 병화는 씨앗의 싹을 보호하는 열기이고, 무토는 씨앗의 싹을 보관하는 흙이다. 술토는 꼭 필요한 생활용품만으로 실용적으로 생활하는 간소함이며 겉치레보다는 내실을 중시하는 영혼이다. 그래서 술토를 천문성(天門星)이라고 하며 하늘의 비밀을 아는 지혜를 상징한다. 본질만 중시하는 정신적인 힘이 술토이다. 술토는 묘목과 묘술합화(卯戌合火)를 하고, 축토와 미토와 만나서 축술미 삼형살을 짜고, 진토와 진술충을 하고, 미토와 술미파(戌未破)를 하고, 유금과 유술해(酉戌害)를 짠다. 술토는 사화와 사술(巳戌) 귀문관살과 원진살을 짠다.

 봄의 인묘진이 싹을 내고, 여름의 사오미가 곡물과 식물과 사람을 왕성하게 키운다. 가을의 신유술이 식물과 곡물을 먹을 수 있는 결과물로 만들며, 사람의 영혼을 성숙하게 만든다. 사주에 신유술 글자가 있으면 성숙한 장년기와 노년기의 모습이 있다. 신유술 가을에는 봄여름의 화려한 물질문명을 점검하고, 결실을 중요시하는 정신문화 쪽으로 일을 한다. 겨울의 해자축(亥子丑)에서는 죽을 것은 죽고, 이듬해 봄에 새로 환생할 씨앗이 살아남는다. 인묘진과 사오미가 생명체의 몸을 키우는 계절이라면 신유술과 해자축은 생명체의 정신을 키우는 계절이다.

part 3

인(人)

움직이며
삶을
창조하는
사람

41. 사주 지지의 해자축(亥子丑)

　해자축(亥子丑)은 겨울을 상징한다. 인묘진(寅卯辰)이 봄, 사오미(巳午未)가 여름, 신유술(申酉戌)이 가을, 해자축은 겨울이다. 해수(亥水)는 동물로는 돼지이며 양력 11월로 입동의 계절이다. 해월(亥月)부터 따스한 기후가 사라지며 겨울의 기후가 시작된다. 해월(亥月)은 김장하며 겨울나기를 준비하는 달이기에 분주하게 움직이는 역마살이다. 시간으로는 밤 9시 반에서 11시 반으로 잠자기 전에 낮에 일했던 일과를 정리하는 시간이다.

　해수의 지장간 무갑임(戊甲壬)은 갑목 생명이 임수 물을 먹고 건강하게 존재하는 대지의 형상이다. 해수 속의 갑목은 이파리 없이 줄기만으로 존재하는 나무이다. 해수는 그런 갑목을 지키는 영양분으로 임수를 가지고 있고, 갑목의 뿌리를 지탱해주는 무토를 가지고 있다.

　해수(亥水)는 인목과 인해합목(寅亥合木)을 하고, 사화와 사해충(巳亥沖)을 하고, 인목과 인해파(寅亥破)를 하지만 인해합목(寅亥合木)

을 먼저 하기에 파(破)는 작용하지 않는다. 신금과 신해해(申亥害)를 하지만 금생수(金生水)도 하기에 해(害)보다는 생(生)이 먼저라서 해(害)도 작용하지 않는다. 사주는 합과 생을 형충파해보다 먼저 하는 게 원리이다.

해수(亥水)는 밤을 상징하기에 밤하늘의 별을 볼 수 있는 천문성이다. 천문성은 정신세계를 중요하게 생각하고 인생을 성찰하고 반성한다. 해수는 진토와 진해(辰亥) 원진살과 귀문관살을 짜지만, 원진살과 귀문관살은 좋을 때는 좋고, 싫을 때는 싫어하는 이중 감정으로 애증을 나타낸다.

자수(子水)는 동물로는 쥐를 상징하며 양력 12월 대설(大雪)의 달이다. 눈이 내리고 본격적으로 추워지는 계절이다. 시간으로는 밤 11시 반에서 새벽 1시 반으로 잠자는 시간이다. 자수의 지장간 임계(壬癸)는 물속에 잠들어 있는 생명체를 보관하는 냉장고이며 냉동고이다. 물속에는 이듬해 봄에 피어날 새싹이 보관되어 있다. 자수(子水)는 자궁의 양수이며, 생명의 핵을 보호하는 물이다. 물이 있어야 생명이 탄생하듯이 자수는 생명의 원형이 존재하는 물이다. 사람도 물을 먹어야 살고, 지구의 70%도 물로 구성되어 있다. 지구를 둘러싸고 있는 물이 지구를 떠받치고 있다. 사주에 자수가 있으면 생명을 키우는 힘이 강하다. 열두 동물 가운데 쥐가 가장 작아도 쥐는 몇 억 년을 살아남은 종이다.

자수는 남자의 정자, 여자의 난자로 생명의 유전자이다. 사주에 자수가 있으면 본질로만 사는 미니멀리스트로 작게 살고 큰 욕심을 내지 않는다. 하지만 쥐는 달리기에서 소를 이용해서 1등을 하는 꾀돌이이다. 자수는 축토와 합을 하고, 묘목과 형을 하고, 오화와 충을 하고, 유금과 파를 하고, 미토와 해를 한다. 자수는 미토와 원진살을 짜고, 유금과 귀문관살을 짠다. 자수는 생명을 살리지만 차가운 물이기에 냉정하고 합리적이고 이성적인 매력의 도화살이다. 묘목이 귀여운 도화살, 오화는 20대의 장성한 도화살, 유금은 성숙한 도화살, 자수는 차가운 매력의 도화살이다.

축토(丑土)는 동물로는 소이며 양력 1월로, 소한(小寒)과 대한(大寒)이 있는 달로 가장 추운 겨울이다. 시간으로는 새벽 1시 반에서 3시 반으로 일찍 일어나는 사람은 잠에서 깨어나는 시간이다. 축토는 진미술축(辰未戌丑) 토의 지지(地支) 중에서 냉정하고 차가운 토 기운이다. 진토가 새싹을 키우는 땅이고, 미토가 식물과 곡물의 맛을 들이는 땅이고, 술토가 잘 익은 곡식을 수확하는 땅이라면, 축토는 매서운 겨울 기운으로 땅에서 사는 해충을 죽이며, 땅을 얼려 버리는 기운이며, 생명력 강한 씨앗은 살리고 생명력 약한 씨앗은 죽여버리는 땅이다. 한겨울 꽁꽁 언 땅(축토)에서 살아남은 생명만 이듬해 봄에 새싹을 낸다. 축토는 살아야 할 것은 살리고, 죽게 될 것은 죽이는 땅이다.

축토의 묘고지(墓庫支)에 정화(丁火)와 기토(己土)와 경금(庚金)이 들어간다. 정화는 온기이고 기토는 겨울의 언 땅이고 경금은 가을에 수확한 열매이며 씨앗이다. 축토는 생명체의 씨앗이 고난과 시련을 견디는 땅이다. 그래서 사주에 축토가 있으면 인내심과 참을성이 있고, 되도록 부딪치지 않고 살아남으려는 적응력이 강하다. 축토는 찬 겨울을 견디면서 봄을 기다리는 땅이기에 긍정적이고 낙천적이어도,

죽음을 순리로 생각하는 냉정함이 있다.

축토는 자수와 합(合)을 하고, 축술미 삼형살(三刑煞)을 짜고, 미토와 충(沖)하고, 진토와 파(破)를 하고, 오화와 해(害)를 한다. 축토는 오화와 해(害)도 하지만 원진살과 귀문관살도 짜기에 축토에게 오화는 괴로운 존재이다. 차갑게 언 땅에서 겨울잠을 자는 생명체를 오화가 와서 녹여버리면, 생명체는 봄이 온 줄 알고 싹을 내밀었다가 얼어 죽는 상황이다. 오화가 오면 축토 속의 신금(씨앗)이 이듬해 싹이 되지 못한다. 농업에 비유한다면 한겨울에 갑자기 따뜻한 날이 와서 새싹이 멋모르고 일찍 나왔다가 겨울바람에 얼어 죽는 형국이다. 축토 입장에서는 오화가 제일 무섭고 신경 쓰이는 존재이다. 오화에게도 축토는 힘들다. 오화가 한여름에 따뜻한 기운으로 생명체를 키우고 있는데, 갑자기 찬 바람이 불어와서 여름의 생명체들이 하룻밤 사이에 얼어버리는 형국이 되기에 축토와 오화는 되도록 만나지 않는 게 좋다.

이렇게 해자축은 겨울 3개월 동안 보관할 것을 보관하는 냉장고이며 냉동고이다. 겨울이라서 시련과 고난은 있지만, 이때 살아남을 건 살아남고, 사라질 건 사라지면서 건강한 씨앗만 봄에 생명을 틔우도록 한다. 사람도 겨울을 견딘 사람이 강인하듯이 겨울은 내면적으로 강인한 정신력과 참을성을 키워주는 계절이다.

42. 일주 겁재(劫財), 상관(傷官)

　일주(日柱)는 태어난 날이다. 일주가 겁재(劫財), 상관(傷官)이면 승부 욕망이 강하고 경쟁심이 강해서 한 번은 실패의 쓴맛을 보거나, 사람에게 배신당하거나, 사람을 배반한다. 그러나 사주에 겁재를 제압(制壓)하는 관성(官星)이 있고, 상관을 제압하는 인성(印星)이 있다면 겁재와 상관은 적절하게 조정되어서 사회적 실력자로 인정받는다. 관성은 법과 질서로서 마구 날뛰는 겁재를 제압하고, 인성은 지식과 정보로 반항하는 상관을 제압한다. 그렇게 되면 겁재와 상관은 좋은 쪽으로 움직여서 사회에서 출세할 수 있다.
　일주 겁재는 병오(丙午), 정사(丁巳), 임자(壬子), 계해(癸亥)이다. 천간(天干) 중 갑을무기경신(甲乙戊己庚辛)은 일주(日柱) 겁재가 없다. 갑을무기경신은 일주가 비견(比肩)이다. 갑인(甲寅), 을묘(乙卯), 무진(戊辰), 무술(戊戌), 기축(己丑), 기미(己未), 경신(庚申), 신유(辛酉)이다. 갑을목(甲乙木)은 봄, 무기토(戊己土)는 환절기, 경신금

(庚辛金)은 가을이라서 기후가 온화하기에 갑을무기경신은 겁재 일주가 없다. 반면에 한여름을 상징하는 병정화(丙丁火)나 한겨울을 상징하는 임계수(壬癸水)는 한여름의 무더위, 한겨울의 강추위로서 기후가 극(極)으로 치닫기에 겁재로 작용한다. 병정화는 불이 활활 타오르는 상황이고, 임계수는 홍수나 쓰나미로 마을이 잠기는 상황이다.

남자 일주 겁재이면 여자와 돈을 극(剋)하기에 아내운도 재운(財運)도 좋지 않다. 여자도 일주 겁재이면 고집이 세고 주관이 강하기에 인간관계가 힘들고 재운(財運)이 좋지 않다. 남녀 모두 일주 겁재이면 자기 고집을 내려놓고 타인을 배려하고 사회적 규율을 지켜야 인간관계가 좋아진다.

병오일주(丙午日柱)와 임자일주(壬子日柱)는 양간(陽干)의 겁재라서 양인(羊刃)이라고 한다. 병오나 임자일주는 양기운(陽氣運)이라서 음기운(陰氣運)인 정사겁재(丁巳劫財)와 계해겁재(癸亥劫財)보다 더 강하게 승부 욕망과 질투심이 있고, 화나면 불로 태우거나 물로 쓸어 버린다. 그러나 병오(丙午) 겁재를 제압하는 임계해자(壬癸亥子)가 사주에 있고, 임자(壬子) 겁재를 제압하는 무기진술축미(戊己辰戌丑未)가 사주에 있다면, 사주가 중화(中和)되어서 병오일주와 임자일주의 강한 기질이 인내심이나 끈기로 변해서 사회에서 출세할 수 있다. 겁재와 상관은 생(生)을 해주기보다는 제압(制壓)을 당해야 더 좋게 풀린다. 흉신(겁재, 상관, 양인, 편관)은 제압하고, 길신(식신, 재성, 정관, 인성)은 생(生) 해주어야 좋다는 사주 원리가 있다.

정사(丁巳) 겁재는 정화(丁火)가 사화(巳火)의 지장간 무경병(戊庚丙)에서 경금(庚金)을 녹이기에 정화가 나아갈 방향이 있다. 계해(癸

亥) 겁재도 계수(癸水)가 해수(亥水)의 지장간 무갑임(戊甲壬)에서 갑목(甲木)을 기르기에 계수가 나아갈 방향이 있다. 정사(丁巳)나 계해(癸亥)는 음간(陰干)의 겁재이기에 양간(陽干)인 병화(丙火)나 임수(壬水)보다 겁재의 기운이 약하게 작용한다.

일주 상관(傷官)은 갑오(甲午), 을사(乙巳), 경자(庚子), 신해(辛亥)이다. 갑을목(甲乙木)은 봄, 경신금(庚辛金)은 가을이다. 갑오(甲午) 상관은 나무가 뙤약볕에 말라 죽는 형상이고, 을사(乙巳) 상관은 경금과 을목이 경을(庚乙) 합(合)을 해서, 을목이 제 역할을 하지 못하는 형국이다. 경자(庚子) 상관은 경금 열매가 자수(子水)에 얼어버린 버린 모습이고, 신해(辛亥) 상관은 신금이 갑목을 극(剋)하다가 체력이 약해지는 형상이다. 일주(태어난 날) 상관이면 상관을 제압하는 인성(印星)이 사주에 있어야 학자, 연구원, 작가, 연예인 등으로 성공할 수 있다. 인성은 상관을 조절해서 창조자, 방송인, 교육자, 평론가의 자질로 변하게 한다.

사람은 살려고 하는 존재이기에 사주도 살려고 하는 존재이다. 겁재나 상관도 살려고 하는 존재이기에 관성이나 인성으로 조절되면 변화변동을 하면서 사회에 적응하며 살아간다. 겁재가 합리적(合理的)인 관성(官星)에게 제압당하면 인내심과 희생심이 좋아지고, 상관이 객관적(客觀的)인 인성(印星)에게 제압당하면 창조성과 설득력이 좋아진다. 관성은 사회적 규율과 질서를 지키는 태도이고, 인성은 지식과 정보를 습득하는 공부이다. 그래서 일주가 겁재나 상관이면 사회성을 기르고 전문적인 공부를 해서 자격이나 실력을 갖추어야 사주가 좋아진다.

43. 귀문관살(鬼門關煞)과 천문성(天文星)

　사주에 신살(神煞)이 많다. 대표적인 신살로 원진살, 귀문관살, 천문성, 도화살, 역마살, 화개살이 있다. 원진살과 귀문관살은 글자의 짜임이 비슷하고, 도화살은 자묘오유(子卯午酉), 역마살은 인사신해(寅巳申亥), 화개살은 축진미술(丑辰未戌)이다. 신살은 지지(地支)끼리 만나고 부딪쳐서 길운(吉運)과 흉운(凶運)이 발생한다는 중국 당나라 때의 역학이다. 송나라 이후에 완성된 천간의 생극제화(生剋制化)와는 아무 관련이 없는 이론이다.
　귀문관살(鬼門關煞)은 진해(辰亥), 자유(子酉), 인미(寅未), 신묘(申卯), 사술(巳戌), 오축(午丑)이 만났을 때 발생하는 살(煞)로 신경이 예민해서 우울증이나 불안증을 앓는 정신 질환이다. 귀문관살을 보면 진해(辰亥)는 토극수(土剋水)를 하지만 지장간(支藏干)에서 무계합(戊癸合)을 하고, 인미(寅未)도 목극토(木剋土)를 하지만 지장간에서 갑기합(甲己合)을 하고, 신묘(申卯)도 금극목(金剋木)을 하지만 지장간에서 경을합(庚乙合)을 한다. 이렇게 진해와 인미와 신묘는 극(剋)도 하고 지장간에서 합(合)도 하기에 이중적인 정신 상황을 나타낸다. 그래서 귀문관살은 마음이 복잡하고 심약하기에 불안증과 신경증을 앓는다. 사주에 귀문관살이 있으면 심장병이나 화병을 앓을 수 있기에 마음을 졸이지 말고 자기 전문적인 능력자가 되기 위해 공부하고 자기 자존감을 가지면 좋다.

귀문관살에서 자유(子酉)는 금생수(金生水)하고, 사술(巳戌)은 화생토(火生土) 한다. 오축(午丑)은 화생토(火生土)도 하면서 원진살과 귀문관살과 해(害)를 짠다. 오화(午火)는 지장간으로 병기정(丙己丁)이 있고 축토는 지장간으로 계신기(癸辛己)가 있다. 오축은 지장간끼리 병신합수(丙辛合水)를 하는데, 이때의 병신합수는 병화(丙火)와 신금(辛金)이 만나서 각각의 기운을 잃어버리고 물로 변해버린다. 오화가 축토를 따뜻하게 하려고 했다가 축토의 언 땅에서 오화가 화기운(火氣運)을 잃어버리는 형국이다. 그래서 오축(午丑)의 만남을 귀문관살과 원진살과 해(害)로 해석한다.

귀문관살(鬼門關煞)은 귀신이 들락거리는 문으로 영적이고 정신적인 능력이며, 신경쇠약, 분열증, 편집증, 조현병, 우울증, 불안증을 앓는 살(煞)이다. 사주에 귀문관살이 있다고 해서 다 귀문관살에 걸려 고생하는 건 아니다. 잘 사용하면 정신력이 좋아서 공부를 잘할 수 있고, 인간을 다루는 심리학, 정신과, 상담학, 복지 일, 보호하는 일을 할 수 있다.

천문성(天門星)도 긍정적인 기능과 부정적인 기능이 있다. 천문성의 글자는 인묘유술해(寅卯酉戌亥)이다. 인묘(寅卯)는 새벽 시간, 유술

(酉戌)은 저녁 시간, 해(亥)는 한밤중이다. 이 중에서 술해(戌亥)가 천문성이 강하다. 술해는 저녁과 밤으로 전기가 발달하지 않았을 시대에는 깜깜한 밤의 시간이다. 명리학이 전기가 발명되기 이전의 학문이었으니, 술시(저녁 7시 반에서 9시 반)와 해시(밤 9시 반에서 11시 반)는 밤의 시간이다. 밤의 시간이니까 하늘의 별이 보일 것이고, 하늘의 별을 보는 천문 능력이 있다고 유추해서 천문성이라고 한다.

또한 새벽인 인시나 묘시도 아침 해가 떠오르기 직전의 어둠의 시간이다. 여름에는 해시(밤 9시 반에서 11시 반)부터 인시(새벽 3시 반에서 5시 반)까지, 겨울에는 유시(오후 5시 반에서 7시 반)부터 묘시(아침 5시 반에서 7시 반)까지 어두웠을 것이기에, 인묘유술해를 천문성으로 해석한다. 천문성은 어둠의 시간이기에 물질의 시간인 낮의 시간보다 비밀의 세계를 보는 영적 능력이 있다고 본다. 사주에 천문성이 있으면 사람을 볼 때 겉도 보지만, 사람의 속마음도 꿰뚫어 보기에 심리학자, 정신과 의사, 상담사 일을 잘할 수 있다.

밤에도 전깃불이 환한 요즘은 과학자의 천문 지식이 천문성(인묘유술해)이 있는 사주보다 훨씬 뛰어나다. 명리학은 과학이 발달하기 이전에 완성되었기에, 밤하늘을 보는 시간을 천문성으로 보았지만, 요즘은 밤에도 거리가 환하고 밤새 영업하는 유흥 시설이 많기에 인묘유술해(寅卯酉戌亥)의 시간이 옛날만큼 깜깜한 밤의 시간은 아니다.

사주의 지지에 귀문관살과 천문성이 있다고 걱정할 필요 없다. 귀문관살과 천문성은 물질세계보다 정신세계에 관심이 많고, 인문학이나 철학을 좋아하고 사람의 마음을 이해하려는 신살(神煞)이다. 귀문관살은 복잡하게 얽힌 감성이고, 천문성은 어둠의 세계를 이해하는 정신 능력이다. 귀문관살과 천문성은 보이지 않는 인간의 내면을 중시하기에 사람들의 심리를 보살피는 일을 하면 좋다.

44. 사주의 대운 보는 법

대운은 사주에 10년간 작용한다. 예를 들어 갑목일간(甲木日干)으로 태어났는데, 대운의 글자가 경신(庚申) 대운이면, 경신금(庚申金)이 갑목을 금극목(金剋木) 하기에 10년 동안은 일도, 돈도, 마음도, 관계도 힘들지만, 잘 되면 이런 스트레스를 이겨내고 사회에서 출세할 수 있다. 갑목에게 경금은 편관운(偏官運)이기에 스트레스를 잘 참아내면, 학생은 학교에서 인정받고 사회인은 직장에서 인정받고 사업가는 사업운이 안정된다. 편관은 인내심으로 스트레스를 이겨내는 힘이다.

편관 대운에는 참고 버티고 노력하면 사회에서 훌륭한 인재가 될 수 있다. 편관의 제압으로 몸이 아플 수 있고 마음이 약해질 수 있지만, 인내심이 강한 편관이 사회에 적응해서 성공하는 쪽으로 운이 변화할 수 있다. 경신금이 갑목 나무를 자르고 다듬어서 사회적으로 쓸모 있는 훌륭한 도구로 만들기에 경신금 대운에 있는 갑목은 사회에서 유용하게 쓰이는 인재로 변할 수 있다. 편관 대운이라고 해서 부정적으로 작용하는 것은 아니다.

갑목일간이 임진(壬辰) 대운을 만나면 갑목은 임진(壬辰) 대운 10년간 무럭무럭 자라며 일도 관계도 재운(財運)도 좋아진다. 갑목에게 임수(壬水)는 갑목이 자라기 위한 물이고, 진토(辰土)는 갑목이 뿌리를 내리는 흙이기에, 갑목이 임진 대운을 만나면 갑목은 위로 쭉쭉 뻗으며 하고 싶은 일을 하면서 잘 자란다. 갑목에게 임수는 편인(偏印)이고 진토는 편재(偏財)이기에 공부도 하고 돈도 벌면서 대운 10년을 편안하게 보낼 수 있다. 이렇게 어떤 대운이 들어오느냐에 따라 갑목일간의 삶이 달라진다.

대운의 글자가 팔자(八字)에 있으면 그 글자가 10년간 힘을 발휘한다. 예를 들어 경금일간(庚金日干)인데, 대운에서 경인(庚寅) 대운이 들어오면 경금일간은 사람들의 도움(비견운)으로 자기가 하는 일에서 성과를 내고 돈(편재운)을 벌 수 있다. 대운에서 들어오는 천간 글자는 일간(日干)을 생(生)하거나 설(洩)하거나 극(剋)하거나 제(制)하는 역할을 한다. 생(生)은 일간(日干)을 돕는 인성이고, 설(洩)은 일간의 기운을 빼는 식상이고, 극(剋)은 일간이 돈을 벌기 위해 노력하는 재성이고, 제(制)는 일간을 억누르며 사회화시키는 관성이다.

대운에서 들어오는 인성운(印星運)은 일간이 공부해서 일정 자격을 갖게 하고, 식상운(食傷運)은 하는 일을 확장해서 새로운 방향으로 일을 추진하게 한다. 재성운(財星運)은 열심히 노력해서 돈을 벌게 하고, 관성운(官星運)은 승진하고 상하(上下) 인간관계를 잘하게 하고, 비겁운(比劫運)은 건강하게 돈벌이를 열심히 하게 한다.

대운의 글자가 일간을 극제(剋制)하는 대운이면 일간이 스트레스를 받지만, 극은 재운(財運)이기에 열심히 돈 벌고, 제는 관성운이기에 출세운(出世運)이 좋아질 수 있다. 극(剋)은 돈을 벌기 위해 열심히 일하고, 제(制)는 사회에 적응하며 자기 본분을 다한다. 극하고 제하는 운에서 일간은 몸과 마음이 아프고 힘들지만, 경제 환경은 안정될 수 있고 잘 되면 사회적으로 성공할 수 있다.

대운에서 일간(태어난 천간)과 합(合)이 되는 글자가 들어오면 사주 구성에 따라서 해석이 달라진다. 예를 들어 계수일간(癸水日干)에게 무술(戊戌) 대운이 들어오면 계수는 무토와 무계합화(戊癸合火)를 한다. 계수에게 무계합화 대운이 들어오면 계수 입장에서 화기운(火氣運)이 재운(財運)이기에 계수는 무술 대운 10년간 재운이 좋아진다. 그러나 계수일간 사주가 불기운이 많다면 사주가 더 뜨거워져서 무술 대운 10년 동안 병원에 입원하거나 심장질환이나 뇌 질환을 앓을 수 있다. 대운에서 들어오는 글자를 일간과 대입해서 천간과 지지의 십성(十星)으로 대운 10년을 해석하면 된다.

사주는 음양오행이 골고루 있어서 중화된 사주가 좋다. 대운이 사주를 중화시키는 운이면 사주가 좋아지고, 대운이 사주를 너무 덥거나 너무 춥게 해서 한쪽으로 치우치게 하면 그 대운 10년간은 힘들게 산다. 일간이 약한데 대운에서 일간을 돕는 기운이 들어오면 사주는 힘을 받아서 열심히 살고 경제적 상황이 좋아진다. 그러나 일간이 강한데 대운에서도 일간을 강하게 하는 글자가 들어오면 그 대운 동안은 힘들게 산다.

대운이 일간을 제압하는 운이면 그때는 건강을 관리하고 운전을 조심하고 돈을 빌리지 말아야 한다. 예를 들어 경신일주(庚申日柱)에게 병인(丙寅) 대운 10년이 들어오면 경신일주는 10년간 병화에게 화극금(火剋金)으로 제압당하기에 스트레스로 고생한다. 천간인 경금에게 병화는 편관이기에 경금은 병원에 입원할 수도 있다. 지지에서도 인신충(寅申沖)을 하기에 일도 건강도 재운도 좋지 않다. 학생은 학교 공부나 교우 관계로 스트레스를 받고, 어른은 인간관계나 일에서 스트레스를 받는다. 그러나 제압(制壓)당하고 충(沖)당하는 대운에서 건강을 관리하고 참고 버티면 오히려 상황이 좋아질 수 있다.

경금일주(庚金日柱)에게 병인(丙寅) 대운은 편관(偏官)과 편재(偏財)인데, 편관은 경금을 완전하게 제압해서 아프게 만들고, 편재는 돈이 들어왔다 나갔다 한다. 그리고 경금일주 사주에 병정화 불기운이 많은데, 병인(丙寅) 대운 불기운이 들어오면 경금일주는 병인 대운에서 경금이 다 녹아버린다. 이런 대운이면 경금일주는 새로운 일을 시도하지 말고 기존에 하던 일을 계속하거나 월급쟁이로 사는 게 좋다.

이렇게 대운은 10년간 한 사람의 운을 결정하기에 대운이 좋으면 10년간 좋게 풀리고, 대운이 힘들면 10년간 고생하며 산다. 그러나 대운이 나쁘다고 해서 걱정할 필요는 없다. 대운이 10년간 나쁘게 흘러도 세운(歲運)으로 들어오는 1년이 좋으면, 그때는 대운도 부정적인 작용을 멈추고 사주를 살리기 위해 긍정적인 운으로 움직인다.

45. 사주의 연월일(年月日) 해석법

사주는 연월일시(年月日時)로 구성되어 있다. 연주(年柱)는 태어난 해로서 조상 자리이다. 월주(月柱)는 태어난 달로서 부모 자리이다. 일주(日柱)는 태어난 날로서 '나'와 배우자 자리이다. 시주(時柱)는 태어난 시간으로서 자식 자리이다. 연주는 전생이나 조부모의 공간이고, 월주는 현생에 맺어진 사회적 공간과 부모와의 인연을 알려준다.

연주와 월주는 개인이 태어난 가정환경으로 부모를 바꿀 수 없듯이 순종하며 따라야 하는 공간이다. 연주나 월주에 겁재(劫財)가 있으면 돈이 부족한 가정환경이다. 겁재는 재물을 잃는 상황으로 연주나 월주가 겁재이면 어린 시절 돈고생을 하며 자란다. 부모가 열심히 일해도 돈을 벌지 못하는 상황이 겁재이다. 연월주가 겁재이면 자라면서 학교를 중단할 수 있지만, 고생을 했기 때문에 일찍 철들어 자수성가한다. 어린 시절부터 세상의 몰인정을 경험하고, 세상을 혼자 살아내는 독립심과 자립심이 키워진다. 연월주 겁재는 어린 시절부터 풍족한

환경에서 자라지 못하기에, 어려서부터 부모의 생계를 도와가며 실질적인 가장으로 자랄 수 있다.

이렇게 연주와 월주에 어떤 십성(十星)이 있는지에 따라 어린 시절과 성장기를 알 수 있다. 연월주(年月柱)에 비견이 있으면 건강하게 자란다. 비견은 친구이고 동료이고 재물을 소유하는 힘이다. 비견이 있어야 재성(財星)을 극(剋) 해서 돈을 벌 수 있다. 비견이 버는 돈이라면 겁재는 잃는 돈이다. 연월주에 식신(食神)이 있으면 잘 먹고 건강하게 자란다. 연월주에 상관(傷官)이 있으면 어른 말에 반항하고 자기 멋대로 인생을 살지만, 잘 되면 창의성과 창조적인 아이디어를 생산하여 돈벌이를 할 수 있다.

연월주에 정재(正財)가 있으면 안정적인 가정환경에서 자란다. 정재는 월급처럼 정규적으로 들어오는 수입이기에 먹고사는 데에서 부족함이 없다. 연월주에 편재(偏財)가 있다면 경제적 상황이 좋았다 나빴다 하기에 돈 관리를 잘해야 힘들지 않게 산다. 편재는 돈이 있을 때는 정재보다 많이 있을 수도 있고, 없을 때는 아예 없기에 연월주에 편재가 있다면 돈 걱정을 하면서 산다. 그래도 연월주에 정재든 편재든 재성(財星)이 있으면 돈벌이를 쉬지 않고 열심히 한다.

연월주(年月柱)에 정관(正官)이 있다면 어른 말 잘 듣고 사람들에게 인정받으며 모범생으로 자라고, 연월주에 편관(偏官)이 있으면 겁이 많지만, 자라면서 복종의 미덕을 알고 자기 나름의 카리스마를 갖게 된다. 정관보다 편관은 겁이 많지만, 사춘기 이후로 편관은 상하 관계의 질서를 지키며 의리와 정의로움을 추구하며 인내심과 희생심이 발달한다.

연월주에 정인(正印)이 있으면 공부를 잘하고 인정받으며 자라지만, 편인(偏印)이 있으면 어른의 눈치를 보면서 자라기에 의심과 불안이 있다. 이렇게 연월주에 어떤 십성(十星)이 있는지에 따라서 성격과 인간관계, 사회생활을 유추할 수 있다.

연월일시(年月日時)를 가족으로 비유하면 연간(年干)은 할아버지, 연지(年支)는 할머니, 월간(月干)은 아버지, 월지(月支)는 어머니, 일간(日干)은 나, 일지(日支)는 배우자, 시간(時干)은 아들, 시지(時支)는 딸로 비유하기도 한다. 사주를 해석할 때 가족 관계를 유추하는 근거로 응용하면 된다.

일주(태어난 날)가 비견이면 자수성가하고 건강하다. 일주가 겁재이면 남자인 경우 아내복이 약하다. 겁재는 재성(財星)인 아내의 재물을 겁탈한다. 남자 일주 겁재이면 아내가 없거나 아내가 있어도 이혼수나 이별수가 있다. 일주가 식신이면 생활력이 좋고, 여자인 경우 남편복이 약하지만 자식복은 좋다. 일주가 상관이면 똑똑하고 활동력이 좋지만, 여자 일주가 상관이면 자식복이 있어도 남편복은 없다. 여자 일주가 상관이면 상관(관을 상하게 함)이 정관인 남편을 상처 내기에 이혼수나 이별수가 있다.

일주(日柱)가 정재이면 성실하게 돈 벌면서 살고, 일주가 편재이면 돈 씀씀이가 크기에 부자가 되기는 힘들다. 남자 일주 정재이면 아내복이 있다. 남녀 모두 일주가 편재이면 편재가 아버지이기에 아버지의 간섭과 영향력이 있다. 일주가 정관이면 모범적으로 사회생활을 잘하며 조직에서 성공한다. 여자 일주 정관이면 남편복이 있고, 남자 일주 정관이면 자식복이 있다. 일주가 편관이면 스트레스를 받으면서 사회에 적응하기에 질병에 걸릴 확률이 높아서 건강운이 약하다. 일주가 편관이면 건강 관리를 잘해야 오래 산다.

일주가 정인이면 사람들에게 인정받으며 사랑스럽게 자라고, 남녀 모두 일주가 정인이면 어머니복이 있다. 일주가 편인이면 사람들을 믿지 않으며 자기만의 철학으로 세상을 산다. 일주가 정인이나 편인이면 학자나 교수, 연구원, 발명가가 좋다.

시주는 태어난 시간으로 자식운을 보는 곳이다. 시주에 어떤 십성이 있는가에 따라 말년과 자식 관계를 볼 수 있다. 이렇게 사주는 연월일시로 구성되어 있고, 연월일시에 어떤 십성이 배치되었는지에 따라 사람의 성격이나 운명을 예측할 수 있다. 그러나 사주로는 개인의 운명만 예측할 수 있기에 개인의 사주가 아무리 좋아도 사회적 상황이 불운하면 개인의 운명도 불운할 수밖에 없다.

그러나 개인의 사주가 나빠도 사회가 정치 경제적으로 안정되어 있다면 개인도 행복해질 수 있다. 개인 사주 하나만으로 개인의 운명을 예측하는 비율은 30% 정도이기에 사주를 보아주는 사람은 사주 공부 외에 철학과 문학과 사회학과 심리학을 공부하면 사주 해석을 다채롭게 할 수 있다.

46. 사주에서 시주(時柱)의 해석

사주(四柱)는 연주, 월주, 일주, 시주로 구성되어 있다. 누구나 연월일(年月日)은 다 알지만 태어난 시간을 모르는 사람도 있다. 태어난 시간을 자세히 몰라도 사주를 볼 수 있다. 태어난 시간을 모르면 60대나 70대에 오는 대운(10년간 작용함)으로 말년을 해석하면 된다. 사주에서 시주(태어난 시간)보다 중요한 것은 월주(태어난 달)와 일주(태어난 날)이다. 월주와 일주는 평생을 따라다니는 개인의 환경이다.

사주의 중요 순서는 월주(月柱)와 일주(日柱)이며 그다음이 시주(時柱)와 연주(年柱)이다. 월주와 일주는 개인의 성격과 적성을 나타내며, 개인이 살면서 외부 상황과 어떻게 관계 맺는지를 알려주는 자리이다. 월주와 일주는 현재의 운세를 보는 기준으로 전 생애를 좌지우지(左之右之)한다.

요즘은 대부분 산부인과에서 아기를 낳기 때문에 태어난 시간을 정확하게 알 수 있다. 그러나 옛사람들은 태어난 시간이 정확하지 않다. 아침 소여물 먹일 때, 오전 새참 먹을 때, 저녁 무렵 등으로 태어난 시간을 기억한다. 그래서 사주를 볼 때 태어난 시간이 새벽이라면 축시(丑時)나 인시(寅時)로 보고, 아침이라면 묘시(卯時)나 진시(辰時)로 본다. 오전 새참이라면 사시(巳時)로 보고, 점심시간이라면 오시(午時)로 보고, 오후 새참이라면 미시(未時)나 신시(申時)로 보고, 저녁 시간이라면 유시(酉時)나 술시(戌時)로 보며, 저녁 먹고 밤중에 나았다면 해시(亥時)나 자시(子時)로 본다. 이런 식으로 시간을 대충 계산할 수 있기에, 태어난 시간을 정확하게 몰라도 사주를 볼 수 있다.

사주 해석의 기준은 일주(태어난 날)이다. 태어난 일간(日干)을 기준으로 대운(大運), 세운(歲運), 월운(月運), 일진(日辰)에 따라 사주가 움직이기에, 태어난 시간을 몰라도 사주를 볼 수 있다. 아마 옛사람들은 한밤중이면 해자축(亥子丑)의 시간으로 읽었을 것이고, 동트기 전이면 인묘진(寅卯辰)의 시간으로 읽었을 것이고, 해 뜬 후라면 사오미(巳午未)의 시간으로 읽었을 것이고, 해지고 난 후라면 신유술(申酉戌)의 시간으로 읽었을 것이다. 인묘진 나무의 시간은 새벽, 사오미 불의 시간은 한낮, 신유술 쇠의 시간은 저녁, 해자축 물의 시간은 한밤중이다.

인묘진(寅卯辰) 새벽 시간에 태어났으면 말년에도 지치지 않고 사기 일을 하며 산다. 옛날이라면 부지런한 농부가 새벽에 깨어나서 열심히 일하는 시간이기에 새벽에 태어난 사람은 말년에도 일하며 돈벌이를 할 것이다. 사오미(巳午未) 낮의 시간에 태어났으면 건강하고 활발하게 돈벌이를 할 것이다. 사오미 낮의 시간은 한창 일하면서 수확할 결과물을 만드는 시간이기에 긍정적이고 적극적으로 살며 사람들과 넓은 인간관계를 맺으며 말년을 보낼 것이다.

신유술(申酉戌)의 오후 시간에 태어났으면 불필요한 것은 버리고, 필요한 것만 정리 정돈하며 말년을 보낼 것이다. 노년기의 자기 자신을 반성하고 성숙한 마음공부를 할 것이다. 신유술의 시간은 오후 시간으로 하루 일을 마무리 하기에 삶을 간소하게 살 것이다. 맺고 끊는 것을 확실하게 하며 인간관계도 마음에 드는 사람하고만 관계를 맺으며 말년을 보낼 것이다. 해자축(亥子丑)의 시간에 태어난 사람은 혼자 놀기를 잘하고, 부산하게 움직이기보다는 천천히 움직이며 말년을 보낼 것이다. 해자축은 밤의 시간으로 잠자는 시간이거나 쉬는 시간이기에 해자축의 시간에 태어난 사람은 말년을 고요하게 자기 만족 하면서 보낼 것이다. 이렇게 태어난 시간을 대충만 알아도 말년의 운을 예측할 수 있다.

십성(十星)으로도 시주(時柱)를 해석할 수 있다. 시주에 비견(比肩)이 오면 건강하게 살며 사람들과 무난하게 잘 지낸다. 비견은 건강과 친구를 상징한다. 시주에 겁재(劫財)가 오면 친구가 많고 건강하지만, 재산과 재물을 자식이나 친척에게 빼앗길 수 있다. 겁재는 가까운 혈육이나 친구에게 재물을 빼앗길 수 있고, 돈 욕심을 내다가 있는 돈을 잃어버리는 십성이다. 시주가 식신(食神)이면 노년에도 소일거리를 하면서 돈을 벌거나 취미 생활을 하면서 즐겁게 보낸다. 식신은 건강함과 취미 활동이다. 시주가 상관(傷官)이면 노년에도 즐겁게 지내지만, 상관은 구설수(口舌數)이기에 말조심해야 한다. 시주가 식상(食傷)인 여자 사주는 손자와 손녀를 키우며 말년을 보낼 수 있다. 식상은 여자에게 자식 사랑이다. 그리고 여자 사주에 식상이 있으면 식상은 관성인 남편을 극(剋) 하기에 남편이 먼저 돌아가실 수 있다. 남자 사주에 시주(時柱)가 식상이면 자식과 같이 살지 않고, 소일거리를 하면서 말년을 보내거나 연애를 할 수 있다. 남자 사주에서 식상은 여자에게 잘해주는 기질이다.

　시주가 재성(財星)이면 남녀 모두 말년에도 돈을 벌기 위해 일을 한다. 시주가 관성(官星)이면 건강을 조심해야 하지만, 남자 사주의 시주가 관성이면 성공하는 자식을 둘 수 있다. 시주가 인성(印星)이면 말년이 편안하다. 인성은 부동산과 공부를 상징하기에 말년에 먹고살 만큼의 재산이 있고, 하고 싶은 공부를 하면서 재미있게 보낼 수 있다. 이렇게 시주(時柱)에 어떤 십성(十星)이 있는지에 따라 노년기를 예측할 수 있다.

47. 사주와 운명

　사람은 살기 위해 타인과 관계 맺으면서 성격을 바꾸고 상황에 적응하며 살아남는다. 아무리 자아가 강해도 사회생활을 하면서 자아를 변화시켜야 살아남는다. 변하지 않고 살아남는 생명체는 없다. 처한 상황이나 환경에 따라 변해야 살아남지, 자기만 고집하는 사람은 도태될 가능성이 있다. 사주에서 자기만 고집하는 기운이 비겁(比劫)인데, 사주에 비겁이 많으면 조직 생활에서 돈을 벌기보다는 자영업을 해서 돈을 버는 편이 낫다.
　인간은 사회적 동물이기에 먹고 살려면 주어진 상황에서 자기 역할에 맞게 자아를 변화시켜야 한다. 사람이 자기가 속한 회사나 조직이나 사회에서 살아남기 위해 자기를 억누르고 참아내는 일은 월급이나 수입이나 안정감 같은 이익이 있기 때문이다. 자기에게 이익이 된다면 사람은 사회적 책임과 의무를 다하며 열심히 산다. 사람이 사회 속에서 책임과 의무를 다하는 기운이 관성(官星)이다. 관성은 조직의 질서이며 사회적 규율로 개인이 잘 지키면 개인에게 삶의 안정감을 준다. 이렇게 사람은 자기에게 이익이 된다면, 사회가 원하는 성격으로 자기를 변화시키고 자기에게 이롭게 생활하는 존재인데, 이런 모습이 관성(官星)이다. 사주에서 관성이 좋으면 사회생활을 잘하고 자기 나름의 성공적인 인생을 살 수 있다.

사람은 규칙(관성)을 지키고, 돈(재성)을 벌면서 성격이 바뀐다. 성격은 인생의 방향을 결정하는 운명이다. 운칠기삼(運七技三)이라고 할 때의 운칠(運七)은 사회적 환경이고, 기삼(技三)은 개인의 성격이고, 성격이 사주이다. 개인의 성격 3할은 사회적 환경 7할에 의해서 변화하고 변동되는 수동태이다. 운칠(運七)은 살면서 만나는 가족 환경, 학교 환경, 사회적 환경 등으로 사람의 성격을 변화시키는 능동태이다. 그래서 기삼(技三)인 개인의 성격은 운칠(運七)인 사회적 상황에 맞추어서 변화하며 살아진다. 운칠기삼을 사주학에 비유한다면 사주는 기삼(技三)이고, 대운(大運)과 세운(歲運)과 월운(月運)과 일진(日辰)은 운칠(運七)이다. 사주는 개인 소유의 자동차이고, 대운과 세운와 월운과 일진은 사회적 상황인 도로이다. 자동차가 가는 길은 도로 상황에 따라 운명이 달라진다.

사주에서 부모운, 공부운, 직장운이 좋다면 사는 일이 순조로울 것이다. 그러나 개인이 살아가는 사회적 환경이 재난재해나 전쟁 상황으로 열악하다면 개인 사주가 아무리 좋아도 사는 일이 힘들다. 사주에 오복(건강복, 수명복, 직장복, 돈복, 배우자복과 자식복)이 다 있어도 사회적 상황이 불경기이거나 전염병이 유행하는 시대라면 사주가 아무리 좋은 개인도 행복할 수 없다. 이렇게 개인의 사주(技三)에 오복을 가지고 태어났어도 외부 환경인 사회(運七)가 열악하면 힘들게 사는 게 운명이다.

사전적 정의의 운명은 모든 사물을 지배하는 불가피한 필연의 힘이며, 따를 수밖에 없고, 예측하기 어려운 어떤 절대적 힘으로 비합리적, 초논리적으로 작용하는 기운이다. 이렇게 사전적 정의에 의하면 운명의 요소는 필연성과 결정론인데, 요즘처럼 과학 지식이 발달한 현대사회에서는 필연성과 결정론이 꼭 맞지 않는다. 아프면 병원 가서 나으면 되고, 시험에 떨어지면 더 노력하거나 아니면 다른 방향으로 취업하면 된다. 현대사회에서 인간이 먹고살 수 있는 길은 다종다양하기에 어떤 길이 자기에게 맞지 않으면 다른 길로 가면 된다. 이렇게 자의적(恣意的)으로 변화 변동하는 게 운명이지, 운명이 필연적이고 결정론적인 게 아니다.

사주는 일종의 운명론이라서 태어난 생년월일시에 운명이 결정되어 있다고 보는데 절대로 그렇지 않다. 사주는 얼마든지 사회적 상황에 의해서 자유의지로 변할 수 있다. 현대사회는 나이가 들어도 몸이 건강하면(비겁) 열정적으로 일하고(식상) 돈 벌고(재성) 사람과 관계 맺으며(관성) 공부하며(인성) 산다. 요즘은 치매나 질병에 걸리지 않는 한 죽음 직전까지 끊임없이 자기 관리하고, 돈을 벌고, 인간관계를 맺으면서 즐겁게 사는 사람이 점점 늘어나고 있다. 그렇기에 사주 하나가 인간의 운명을 필연적으로 결정론적으로 말해주는 근거가 될 수 없다.

사주가 결정론적으로 주어진 운명이라고 생각하지 말고, 사주를 바꿀 수 있다는 의지를 세워서 자기가 좋아하는 활동을 하면 사주도 바뀌고 운명도 좋아진다. 자동차가 경차라도 고속도로를 신나게 달릴 수 있기에 사주가 나빠도 좋은 길로 얼마든지 운명이 흐를 수 있다. 그렇기에 사주를 필연적으로 생각하지 말고 '인생의 지침서'로 사용하면 좋다. 사주는 나무(갑을목), 불(병정화), 흙(무기토), 쇠(경신금), 물(임계수), 다섯 가지 기운으로 구성된 자연의 기호일 뿐이다. 개인은 이 중에 하나의 기운으로 태어나고, 자연의 흐름에 따라서 순응하든지, 혹은 자연의 순리에 도전하면서 살아도 된다.

운명은 필연과 우연이 섞여 움직이는 기운이다. 운명이 필연의 길처럼 주어져 있어도 얼마든지 우연적인 사회 상황과 만나서 다른 길을 갈 수 있다. 살면서 타인에게 공감하고(정관과 편관), 성실하게 돈 벌고(정재과 편재), 서로 도우며(식신과 상관) 자기 공부(정인과 편인) 하면서 건강하게(비견과 겁재) 살면 된다. 사주는 변하는 게 원칙이다. 변하지 않는 사주는 없다. 이런 변화가 있기에 태어난 생년월일시가 같아도 다른 삶을 살게 된다. 그리고 더 열정적으로 노력한 사람이 인생을 더 잘살 게 된다. 매 순간 주어진 상황에서 타인과 융통성 있게 타협하면서 능동적으로 변해야 운명도 좋은 쪽으로 흐르게 된다.

48. 천간의 역할

　일간(日干)은 태어난 날의 천간이다. 천간은 갑을병정무기경신임계(甲乙丙丁戊己庚辛壬癸)이며 이 중의 하나로 개인은 태어난다. 갑을목은 나무, 병정화는 불, 무기토는 흙, 경신금은 쇠, 임계수는 물이다. 각각의 자연 기호가 다르듯이 천간마다 역할도 다르다.
　갑목은 위로 뻗는 큰 나무이다. 나무는 자라는 게 본능이고, 다 자랐으면 베어져서 살림 도구로 쓰이는 게 갑목 나무의 역할이다. 갑목 나무는 인묘진(寅卯辰) 월에 자라고 사오미(巳午未) 월에 장성하고 신유술(申酉戌) 월에 단단해지고 베어지며 해자축(亥子丑) 월에는 나이테를 만들며 겨울나기를 한다. 갑목이 잘 자라려면 인묘진 월에는 태양(병정화)과 물(임계수)과 흙(무기토)이 있어야 하고, 사오미 월에는 물(임계수)과 흙(무기토)이 있어야 하고, 신유술 월에는 쇠(경신금)가 있어야 하고, 해자축 월에는 태양(병정화)이 있어야 한다.
　이렇게 계절마다 갑목의 역할이 다르기에 필요한 음양오행도 다르다. 사주는 음양오행이 골고루 들어있는 사주가 좋다. 한쪽으로만 치우친 사주는 대운이나 세운(歲運)에서 중화시키는 글자가 들어와야 편안하게 살 수 있다. 갑목에게 무기토는 갑목이 뿌리내리는 땅이고, 병정화는 갑목이 광합성을 할 수 있는 햇빛이고, 임계수는 갑목을 자라게 하는 물이고, 경신금은 갑목을 가지치기할 수 있는 쇠(도끼나 칼날 같은 도구)이다. 이렇게 오행 모두가 골고루 갖추어진 사주가 좋은 사주이다.

을목(乙木)은 꽃나무이기에 꽃나무가 잘 자라려면 병화(태양)와 무기토(흙)와 계수(물)가 있어야 한다. 병화(丙火)는 을목이 광합성을 하게 하고, 무기토(戊己土)는 을목이 뿌리내릴 땅이 되어주며, 계수(癸水)는 을목을 마르지 않게 하는 물이 된다.

병화(丙火)는 병화가 키워주는 갑을목이 사주에 있어야 좋다. 한여름의 병화는 불기운이 증발하지 않게 임수(壬水)가 있으면 좋다. 병화는 갑을목을 키우는 무기토와 임수만 있어도 살 수 있고, 갑을목이 너무 자랐을 때 가지치기할 경금이 있으면 더욱 좋다. 모든 사주에 병화 하나가 있으면 사주가 좋아진다. 병화는 나무를 키우고, 무기토인 흙에 영양분을 주고, 임수의 차가운 기운을 적절하게 중화시키고, 경금을 녹여서 쓸모있는 도구로 만들게 한다. 그래서 사주에 병화가 하나 있으면 심하게 고생하지 않는다.

정화(丁火)는 사주에 경금이 있으면 충분히 먹고살 수 있다. 정화가 경금을 녹여서 생활 도구로 만들기 때문이다. 그리고 정화가 꺼지지 않게 땔감이 되어줄 갑목이나 기름으로 쓸 유금(酉金)이 있으면 좋다. 정화는 인간이 만든 전깃불이며, 문명을 발달시키는 학문이나 과학 기술을 상징한다. 정화는 교육, 문화를 꽃피우는 불꽃이다.

　무토(戊土)는 나무를 기르는 땅이기에 사주에 갑을목이 있어야 보기 좋다. 무토가 갑을목을 키우려면 병화와 임계수가 있어야 한다. 무토 일간이 사주에 갑을목이 없고, 경신금이 있다면 그 무토는 보물을 간직한 광산이다.

　기토(己土)는 농작물과 식물과 나무를 기르는 토양이다. 기토가 갑을목 나무를 키우려면 병화 태양이 있어야 하고, 물이 마르지 않게 계수(癸水)가 있어야 한다. 기토 일간이 사주에 경신금이 많으면 그 기토는 돌 땅, 바위 땅으로 농작물을 키울 수 없다. 무토는 경신금이 광물로서 가치가 있지만, 기토는 경신금이 밭을 거칠게 하는 역할을 하기에 기토는 경신금보다 갑을목을 좋아한다.

　경금(庚金)은 산속의 광물, 바위, 쇠이며, 가을에 수확하는 열매이며, 열매를 수확할 농기구, 기계문명이다. 경금이 있어야 갑을목을 수확할 수 있다. 경금은 갑을목이 만든 열매로 인간이 소유하는 재산, 재물이다. 경금은 돈과 결과물을 상징하기에 경금은 사주에 갑을목이 있어야 좋다.

　신금(辛金)은 보물, 핵, 갑을목의 씨앗, 추수한 수확물이기에 잘 보호되어야 한다. 사주에서 보호하는 역할은 임계수(壬癸水)이다. 임계수는 냉장고, 냉동고로서 겨울철에 보관해야 할 씨앗을 죽지 않게 관리한다. 신금에게 필요한 것은 자기 자신을 온전히 보호해줄 임계수만 있으면 신금은 살아갈 수 있다.

　임수(壬水)는 생명체를 기르는 물, 갑을목을 키우는 물, 병정화를 마르지 않게 하는 습기, 무기토에서 자라는 식물을 기르는 물, 경신금을 보호하는 물이다. 임수는 어느 오행이 와도 자기 역할을 충분히 하는 관리자이다. 임수와 병화는 훌륭한 짝꿍으로 생명체인 갑을목을 길러낸다. 사주에 병화가 있으면 사주가 좋아지듯이 사주에 임수가 있어도 사주가 좋아진다. 병화는 기르고 임수는 보호하기 때문이다.

계수(癸水)는 갑을목을 기르기에 사주에 갑을목과 갑을목이 자랄 수 있는 무기토가 있으면 좋다. 이렇게 십천간 각각은 자기에게 필요한 오행이 다르다.

사주를 해석하는 방법은 많다. 사주를 오행으로 해석해도 되고, 격국(格局)으로 해석해도 되고, 억부(抑扶) 이론으로 해석해도 되고, 12운성(12運星)으로 해석해도 된다. 그리고 위에 쓴 이론처럼 천간의 역할만으로 사주를 해석해도 된다. 사주 해석은 사주 상담가 고유의 영역이기에 사주 해석은 정답이 없고, 사주학을 공부하는 개인이 스스로 알아서 자기만의 사주 해석법을 터득해야 한다.

49. 합, 형, 충, 파, 해, 해석법

　사주를 볼 때 합(合)은 어떻게 해석하고 충(沖)은 어떻게 해석하는지 정확하게 설명된 이론서가 없다. 그저 막연하게 합은 사라져 없어지는 것으로 어떨 때는 좋게 작용하고, 어떨 때는 나쁘게 작용한다고만 하지, 정확하게 어떤 조건에서 좋을 때는 어떤 의미이고 나쁠 때는 어떤 의미인지를 설명한 책이 없다. 그러다 보니 "합이네.", "충이네." 할 뿐 팔자가 어떻게 움직이는지를 말해주는 책이 없다.

　결국은 사주 공부를 하는 사람이 자기 스스로 수천의 사주 상담을 실전으로 하면서 합과 충의 의미를 터득해야 한다. 필자의 경우를 말한다면 합(合)은 글자가 합거(合去)로 사라지는 게 아니다. 합은 글자끼리 합해서 다른 기운으로 움직이기에 합이 되면 글자끼리 서로 타협해서 각자의 기질을 버리고 제3의 방향으로 흘러간다. 제3의 방향이 좋은지 나쁜지는 사주 글자를 보고 계산하면 된다. 충(沖)도 부딪쳐서 깨지기보다는 전화위복(轉禍爲福)으로 움직여서 더 좋은 제3의 방향으로 운이 움직일 수 있다. 합이나 충이나 사주가 살려고 움직이는 기운이다.

　지지의 합은 자축합토(子丑合土), 인해합목(寅亥合木), 묘술합화(卯戌合火), 진유합금(辰酉合金), 사신합수(巳申合水), 오미합화(午未合火)이다. 합이 되려면 글자가 붙어 있어야 한다. 예를 들어 자축이 합이 되려면 자축이 붙어 있어야 하고, 붙어 있으면 자축합토로 계산하고 토기운(土氣運)으로 읽어주면 된다. 합의 조건에 대해 여러 이론이 있지만, 이런저런 조건을 따지기 전에 일단은 자축(子丑)은 합(合)을 해서 토기운(土氣運)으로 변한다는 원리가 기준이다. 사주에 합이 많으면 변하는 기운이 많기에 인간관계를 맺거나 사회생활을 할 때 융통성과 유연성이 좋다.

　지지의 충은 자오충(子午沖), 축미충(丑未沖), 인신충(寅申沖), 묘유충(卯酉沖), 진술충(辰戌沖), 사해충(巳亥沖)이다. 충하면 충하는 글자끼리 지장간이 깨진다. 충은 새로운 변화를 위해 기존의 생활 태도를 바꾸고, 새로운 방향으로 변화하는 움직임이다. 충(沖)을 해서 일어나는 나쁜 일은 임종, 수술, 사건 사고, 소송 같은 일이지만, 이런 일이 모든 사람의 사주에서 발생하는 것은 아니다. 충이 되는 해에는 새로운 시작을 할 수 있고, 운전, 건강, 말, 행동, 돈 관계를 조심하면 된다. 나이 드신 분들은 충이 되는 해(年)나 달(月)에서 넘어지지 말아야 한다. 넘어지면 골절상이나 수술수가 있다.

　지지의 형(刑)은 인사신(寅巳申) 삼형살(三刑煞), 축술미(丑戌未) 삼형살(三刑煞), 자묘(子卯) 형살, 인사(寅巳)형, 사신(巳申)형, 신인(申寅)형, 축술(丑戌)형, 술미(戌未)형, 미축(未丑)형, 진진(辰辰)형,

오오(午午)형, 유유(酉酉)형, 해해(亥亥)형이 있다. 인사신 세 글자는 역마살이 활발하게 운동하며 부딪치는 힘이고, 축술미 세 글자는 각각의 계절에서 토기운(土氣運)의 역할이 달라서 부딪치는 형살이다. 인사신 삼형살은 해외 이직이나 먼 거리 이동으로 해석하고, 축술미 삼형살은 운전 조심, 건강 조심, 소송수를 조심하면 된다. 형살은 사기당함, 배신당함, 혹은 사기 침, 배신함, 교통사고, 손해 봄, 등으로 해석할 수 있지만, 범법을 저지르는 나쁜 사람이 아니라면 감옥에 갈 일이 없다. 형살은 구설수나 교통사고, 돈을 빼앗김, 인간관계가 깨짐 등의 가슴 아픈 일 정도로 해석하면 된다.

지지의 파(破)는 인해파(寅亥破), 사신파(巳申破), 축진파(丑辰破), 술미파(戌未破), 오묘파(午卯破), 자유파(子酉破)이다. 이 중에 인해파는 인해합목(寅亥合木)도 되고, 사신파는 사신합수(巳申合水)도 된다. 그래서 파보다는 합으로 보는 게 좋다. 오묘파는 목생화(木生火)도 되고, 자유파는 금생수(金生水)도 되기에 파보다는 생으로 보는 게 좋다. 축진파는 귀퉁이가 살짝 깨진 그릇 정도의 사건이고, 술미파는 축술미 삼형살이 형성될 때 삼형살로 계산하는 게 좋다. 그래서 파는 조그만 사건 사고 정도로 해석하면 된다.

지지의 해(害)는 묘진해(卯辰害), 인사해(寅巳害), 축오해(丑午害), 자미해(子未害), 신해해(申亥害), 유술해(酉戌害)가 있다. 묘진은 묘진 합을 하고, 인사는 목생화를 하고, 축오는 화생토를 한다. 자미는 토극수를 하지만 지장간에서 정임합목도 한다. 신해는 금생수를 하고 유술은 토생금을 한다. 해를 짜는 글자끼리 서로 생(生) 하는 역할도 하기에 지지의 해를 부정적으로 해석할 필요가 없다. 이 중에 축오

해와 자미해는 해도 되고 원진살도 되기에 조금 더 부정적으로 해석하면 된다. 사람이 살면서 부정적인 일은 돈을 잃어버림, 건강을 해침, 병원에 입원함, 사건 사고로 아픔, 교통사고 같은 일이다. 그러나 범법을 저지르는 나쁜 사람은 형충파해 운에서 감옥에 갈 수 있다.

지지의 합형충파해를 나쁘게 해석하면 안 되고, 지장간끼리의 관계를 살펴보면서 사주 해석에서 융통성 있게 사용하면 된다. 사주는 살기 위한 것이지 죽기 위한 것이 아니다. 합형충파해도 대부분은 살기 위해서 변화 변동을 하는 움직임이다.

50. 사주의 원진살과 귀문관살

원진살(元嗔煞)은 사람 사이에 생기는 갈등으로 서로 사랑하면서도 미워하는 이중적인 감정이 있는 애증의 살이다. 싸우면서 사랑하며 미운 정, 고운 정 다 들어 서로를 너무 잘 아는 관계가 원진살이다. 원진살은 천간과는 상관없이 지지에서 진해(辰亥), 인유(寅酉), 자미(子未), 신묘(申卯), 사술(巳戌), 오축(午丑)이 만났을 때 생기는 살이다. 주로 궁합을 볼 때 사용한다. 그런데 부부운(夫婦運)으로 맺어지는 사주 대부분에서 원진살을 볼 수 있다.

귀문관살도 원진살과 비슷하다. 귀문관살은 진해(辰亥), 자유(子酉), 미인(未寅), 신묘(申卯), 사술(巳戌), 오축(午丑)으로 신경이 예민하고 까다로워서 불안증을 앓는 살이다. 귀문관살은 귀신이 들락거리는 문으로 글자 의미는 무섭지만, 실제로는 그저 예민하고 까칠한 성격이며 결벽증과 완벽주의적 기질이 있다고 보면 된다. 사주에 귀문관살이 있으면 일 처리를 야무지게 하고 인간관계에서 좋고 싫음을 확실하게 표현해서 친구가 많지 않다.

원진살을 맺는 지지를 보면 진해(辰亥) 원진에서 진토(辰土)의 지장간 을계무(乙癸戊)와 해수(亥水)의 지장간 무갑임(戊甲壬)이 무계합화(戊癸合火)도 하고 임무충(壬戊沖)도 한다. 이렇게 원진살을 짜는 글자끼리 지지에서 지장간이 합과 충을 동시에 한다. 합은 사랑이고 충은 싸움이다. 사랑도 하고 싸움도 하는 관계가 원진살이다.

인유(寅酉) 원진도 인목(寅木)의 지장간 무병갑(戊丙甲)과 유금(酉金)의 지장간 경신(庚辛)이 병신합수(丙辛合水)도 하고 갑경충(甲庚沖)도 한다. 자미(子未) 원진도 자수의 지장간 임계(壬癸)와 미토의 지장간 정을기(丁乙己)가 정임합목도 하고, 계기충도 한다. 신묘(申卯) 원진도 신금의 지장간 무임경(戊壬庚)과 묘목의 지장간 갑을(甲乙)이 경을합금도 하고 갑무충도 한다. 사술(巳戌) 원진도 사화의 지장간 무경병(戊庚丙)과 술토의 지장간 신정무(辛丁戊)가 병신합수도 하고 정경충도 한다. 오축(午丑) 원진도 오화의 지장간 병기정(丙己丁)과 축토의 지장간 계신기(癸辛己)가 병신합수도 하고 계기충도 한다.

이렇게 원진살은 지장간끼리 합(合)도 하고 충(沖)도 하기에 사랑도 하고 싸움도 하는 인간관계를 나타낸다. 부부가 원진살이 있으면 이혼수가 있다고 하는데, 꼭 그런 것은 아니다. 싸우면서 정들고, 미우면서 챙겨주는 다정한 마음이 원진살이기에 보통의 부부 사이를 원진살 관계로 보면 된다. 원진살은 헤어지지도 못하고 참고 사랑하면서 살아야 하는 살(煞)이다. 원진살이 있는 부부는 주말 부부도 좋고, 각방을 쓰는 방법도 좋고, 각자가 경제활동을 해야 부부 사이가 좋아진다. 원진살로 맺어진 부부가 경제적으로 힘들면 헤어질 가능성이 있다.

귀문관살(鬼門關煞)은 신경증적이다. 귀문관살이 있으면 예민해서 결벽증이 있을 수 있고, 인간관계를 폭넓게 맺기보다는 좋아하는 사람과만 관계를 맺는다. 혼자 있는 것을 좋아하고, 여럿이 몰려다니며 함께 하기를 좋아하지 않는다. 귀문관살이 부정적으로 작용하면 조울증, 집착이 발생한다. 그러나 귀문관살은 완벽주의적인 기질도 있기에 공부하는 쪽이나 연구하는 쪽에서 자기 재능을 발휘할 수 있다. 귀문관살은 똑똑하고 이해력이 좋고, 직관력이 있어서 사람의 심리를 꿰뚫을 수 있기에 심리학자나 정신과 의사, 작가, 화가, 창조적인 일을 하는 직업에서 좋게 사용된다. 과학이 발달하기 전에는 귀문관살이 귀신이 드나드는 문이라고 해서 무당, 종교인, 역술인의 영역으로 해석했지만, 요즘은 아니다. 요즘에 귀문관살은 신경쇠약, 정신적 고뇌, 예민함, 직관력으로 작용해서 좋게 쓰이면 정신과 의사, 심리학자 등으로 성공할 수 있다.

　원진살(元嗔煞)과 귀문관살(鬼門關煞)은 지지에서 일어나는 변화이다. 천간(天干) 갑을병정무기경신임계(甲乙丙丁戊己庚辛壬癸)의 생극제화(生剋制化)와 관련 없다. 지지(地支)의 자축인묘진사오미신유술해(子丑寅卯辰巳午未申酉戌亥)끼리 관련된 신살(神煞)이다.

　사주에 원진살과 귀문관살이 있다고 겁먹지 말아야 한다. 원진살이나 귀문관살은 서로 좋아하기에 발생하는 갈등 관계이다. 서로 좋아하면 원하는 것이 많아지고, 자기가 원하는 것을 상대방이 해주지 않을 때 발생하는 서운함이 원진살과 귀문관살이다. 원진살과 귀문관살은 상처를 잊지 못해 트라우마에 시달리는 신경증도 되기에 사주에 원진살과 귀문관살이 있으면 상처받은 기억은 빨리 잊고, 좋은 생각을 하고, 즐거운 기억만 가지고 사는 게 좋다.

51. 사주 십성(十星)으로 연주 보는 법

 사주는 연월일시(年月日時)로 구성되어 있고, 사주를 읽는 순서는 연월일시 순서로 읽는다. 사주는 일간(日干)이 기준이다. 일간 기준으로 보면 연주(태어난 해)는 일간에서 가장 멀리 있어서 일간과의 관계성이 월주(月柱)나 시주(時柱)보다 약하다.
 연주의 의미는 사회적으로는 국가, 외국, 타향이고, 가족적으로는 조부모, 조상 자리로 읽는다. 연주에 겁재(劫財)가 있으면 조상에게 물려받는 물질적 재산이 없다. 겁재는 돈을 겁탈당한다는 의미이기에 가난한 집안에서 자라거나 혹은 부자였어도 한번은 망하기에 가난을 경험하면서 자란다. 연주 겁재라면 조상이나 부모의 도움 없이 자수성가한다. 반면에 연주 비견(比肩)은 겁재보다 긍정적이다. 비견은 재성(財星)을 극(剋) 해서 돈을 버는 능력으로 겁재보다는 돈 관리를 잘한다. 비견은 좋은 친구, 건강한 신체이다. 그러나 연주에 비겁이 있는데, 월주(태어난 달)나 시주(태어난 시간)에 비겁이 또 있으면 비겁이 부정적인 역할로 작용해서 자만심이나 자존심이 세져서 사회생활에서 자기 고집만 부릴 수 있다.

　연주에 식신(食神)이 있으면 어렸을 때부터 잘 먹고 튼튼하게 자란다. 식신은 낙천적으로 사는 마음이다. 연주에 상관(傷官)이 있으면 창의적이고 창조적인 일을 좋아하고 예체능에서 자기 능력을 인정받을 수 있다. 어린 시절 연주의 상관(傷官)은 저항심으로 작용하기보다는 표현력이나 표출 능력으로 작용하기에 과학 탐구나 수학 탐구 같은 공부를 잘하며, 예체능을 잘하는 재능이 있다. 그러나 사춘기 때부터 연주 상관은 어른 말을 듣지 않고 반항 기질로 나타나기에 책을 많이 읽혀서 생각하기 능력을 키워주면 상관이 좋게 작용한다.

　연주에 정재(正財)가 있으면 착하고 순하며 어렸을 때부터 알뜰하게 돈을 잘 모은다. 그러나 남자 사주에서 정재(正財)가 연지(年支)의 지장간(支藏干)에 하나만 있다면 아내 운(運)이 약해서 결혼하지 않거나 혼자 살 수 있다. 남자 사주에서 정재가 아내이기에 정재는 월지(태어난 달)의 기운을 받아서 천간(天干)에 떠 있어야 아내운이 좋다. 아니면 일지(日支)나 일지의 지장간에 있어야 남자는 아내 운이 좋다. 연주에 편재(偏財)가 있으면 부자이거나 아니면 가난한 집안일 수 있다. 정재는 꾸준하게 모은 종잣돈이고 편재는 들어왔다 나갔다 하는 돈이라서 돈이 많을 때는 많지만 없을 때는 아예 없다. 편재는 돈 씀씀이가 있어서 돈을 모으기보다는 쓰기를 잘한다. 연주 편재는 역마살이기에 조상이 집안일보다는 바깥일에 열중하며 여기저기 돌아다니며 산다. 편재가 연지(年支)에 고립되어 있으면 남녀 모두 아버지 운이 약하다. 편재는 아버지인데, 편재가 연지에 있거나 연지 지장간

(支藏干)에 하나만 있으면 아버지 복이 약하다.

연주에 정관(正官)이 있으면 성실하고 착실하게 자란다. 정관은 사회적 약속과 법과 질서와 규율을 지키는 시민의식이다. 연주 정관은 어른 말을 잘 듣고 어른이 시키는 대로 자라며 타인을 합리적으로 이해하는 마음이 있다. 연주 편관(偏官)은 겁이 많은 어린 시절을 보낸다. 편관도 정관처럼 질서와 규율을 잘 지킨다. 그러나 연주 편관은 어린 시절에 어른을 무서워하고 인간관계에서 스트레스를 받는다. 여자 사주에 정관이 연지(年支)의 지장간(支藏干)으로 있으면 남편 운이 약하다. 여자 사주에서 연지의 지장간 속에 정관이 하나만 있다면 결혼하지 않을 수 있고, 결혼해도 이혼하거나 사별할 수 있다. 여자 사주에 정관은 일지(日支)에 있거나 월간(月干)에 있어야 남편 운이 좋다. 여자 사주 일지에 편관이 있으면 스트레스를 주는 남편이다. 여자 사주 일지에 편관이 있고, 월주에도 편관이 겹쳐 있으면 결혼해서 남편 때문에 고생할 수 있다.

연주에 정인(正印)이 있으면 순한 부모 밑에서 사랑받으며 산다. 연지 정인은 어린 시절부터 유치원이나 초등학교 다닐 때 선생님이나 어른들에게 사랑받고 인정받으며 산다. 연주에 편인(偏印)이 있으면 편부모 밑에서 자랄 수 있다. 정인이 온전히 사랑받는다면 편인은 반만 사랑받는다. 연주 편인은 어렸을 때부터 어른과 사회를 믿지 않고 자기 자신만 믿으며 애어른처럼 자란다. 연주 편인은 가족 관계나 사회생활에서 눈치가 발달하고 꾀돌이로 자란다.

이렇게 연주에 어떤 십성이 오느냐에 따라서 어린 시절을 어떻게 보냈는지 예측할 수 있다. 연주는 일간 입장에서 가장 멀리 있기에, 성인

(成人)이 되어서는 연주의 영향을 크게 받지 않는다. 연주가 비견, 식신, 정재, 정관, 정인이면 어린 시절을 순탄하게 보내는 편이고, 연주가 겁재, 상관, 편재, 편관, 편인이면 어린 시절부터 마음고생이나 돈고생을 하기에 자립심이 강하고 세상을 온전히 믿지 않고 자기 자신을 믿고 자란다.

52. 사주 십성(十星)으로 월주 보는 법

월주(月柱)는 태어난 달로 일간(태어난 날의 천간)과 가까이 있고 일간(日干)의 일생을 좌우하는 장소이다. 월주는 부모 혈육과의 관계를 알려주고, 일간이 속해서 살아가는 직업 공간이며 사회공간이다. 월주는 사회적으로는 일간이 만나는 부모, 형제자매, 친구, 학교, 직장, 조직이고, 심리적으로는 일간의 기본 성격을 나타내는 자리이다. 월주에 어떤 십성(十星)이 있는지에 따라서 인간관계와 사회생활을 알 수 있다. 월주는 일간과 가깝기에 일간(日干)에게 미치는 영향력이 크다.

월주에 비견(比肩)이 있으면 독립심과 자립심이 있다. 월주 비견은 일간을 가까이서 돕기에 건강운(健康運)이 좋고, 친구나 인간관계가 많아 외롭지 않다. 비견은 타인을 있는 그대로 인정하기에 사람 때문에 마음 아플 일이 별로 없다. 반면에 월주에 겁재(劫財)가 있으면 인간관계를 맺을 때 처음에는 간이며 쓸개까지 다 빼주며 친하게 지내다가 나중에는 서로 원수가 된다. 겁재는 처음에는 좋게 시작하지만, 나중에는 배반당하거나 배반할 수 있다. 월주가 겁재이면 돈을 털릴 수 있기에 돈 관리를 잘해야 한다.

겁재는 승부 욕망이나 질투심으로 작용하기에 사람을 볼 때 경쟁상대로 보고 이기면 우월감을 느끼고, 지면 열등감을 느낀다. 남자 사주가 월주(月柱)도 일지(日支)도 겁재이면 아내 운과 재물 운이 약하다. 월주가 겁재이면 남자는 결혼을 하지 않거나, 하더라고 이혼하거나 사별한다. 그리고 남녀 모두 월주가 겁재이면 돈을 벌어도 혈육이나 지인에게 빼앗길 수 있다. 월주가 겁재이면 사람을 믿었다가 믿은 사람에게 돈을 사기당할 수 있기에, 사람을 온전히 믿지 않는다.

비견이 이성적(理性的), 객관적이어서 인간관계를 합리적으로 한다면, 겁재는 감성적(感性的), 주관적이어서 인간관계를 소유하는 관계로 생각하다가 마음만 아플 수 있다. 남녀 모두 월주(태어난 달)도 일지(태어난 날)도 겁재이면 돈을 벌어서 가족을 먹여 살리는 가장(家長)으로 산다. 겁재는 돈을 벌어도 돈이 부족하고, 처음에는 잘되는 듯하다가도 결국에는 빈손이 될 수 있다. 월주에 겁재가 있으면 돈 관리와 사람 관리를 잘해야 한다.

월주가 식신(食神)이면 생활력이 있다. 식신은 먹을 복, 수명 복이다. 식신은 자기가 하고 싶은 일을 즐겁게 하면서 자기 먹고 사는 일을 해결한다. 식신은 낙천적이고 긍정적이며 인생을 재미있게 살려고 하는 십성(十星)으로 주어진 의무를 순리적으로 이행한다. 식신은 큰돈을 벌지는 못하지만 자급자족하며 소박하고 확실한 행복감을 느끼며 산다. 식신은 자기 생활에 만족하며 타인을 사랑하는 다정한 성격이다.

월주가 상관(傷官)이면 반항심과 저항심과 불평이 많다. 상관은 사회의 부조리를 불평하고 불공정한 현실에 예민하게 반항하며 분노를 조절하지 못해서 구설수가 많다. 식신이 이성적 객관적이라면 상관은 감성적 주관적인 표출 능력이다. 여자 사주 월주가 상관이면 남편인 정관을 극(剋) 하기에 남편운이 약하고, 결혼하지 않거나, 결혼해도 이혼수나 사별수가 있다. 월주의 식신과 상관이 좋게 쓰이면 사랑과 정이 많아서 사람들과 잘 지내고, 예술이나 예능 방면에서 저작권을 가질 정도로 창의력이 있다.

월주 정재(正財)이면 성실하고 근면하고 이해타산적이다. 정재는 월급처럼 정규적으로 들어오는 돈이다. 정재는 돈을 합리적으로 관리하기에 요즘 식으로 보면 더치페이하는 생활 태도이다. 정재는 돈을 벌기 위해 부지런히 일하고, 일하는 것을 좋아한다. 정재는 먹고살기 위한 끈기와 인내심이 있다. 정재는 돈을 버는 활동이 인생의 목적이기에 일에서 전문가가 되며, 인간관계도 실리적으로 맺으며, 자기 할 일을 책임감 있게 완수한다.

월주 편재(偏財)도 돈을 중요하게 생각한다. 편재는 돈을 벌기보다는 돈을 쓰면서 자기 존재를 증명한다. 편재는 과시적으로 돈을 쓰기에 결국에는 돈이 없을 수 있다. 정재는 알부자이고 편재는 겉만 부자이다. 정재는 구두쇠인데, 편재는 버는 돈보다 쓰는 돈이 많아 빚을 지거나 돈이 항상 모자랄 수 있다. 편재는 사람들에게 호탕하고 오지랖이 넓은 사람이라는 평판을 받지만, 결국 빈손이 될 수 있기에 월주가 편재이면 돈 씀씀이를 관리해야 한다. 정재가 합리적 실리적이라면 편재는 감정적 낭만적이다.

월주가 정관(正官)이면 어른 말을 잘 듣고 반항하지 않고 시키는 대로 산다. 자기 분수를 잘 알고, 사회 질서를 지키며 주어진 의무와 책임을 불평 없이 이행한다. 월주가 정관이면 부모도 사회생활을 잘 한다. 정관은 사회적 서열 관계를 인정하기에 윗사람에게 복종하고 아랫사람에게 책잡히지 않으려고 합리적으로 행동한다.

월주 편관(偏官)이면 어린 시절에는 겁이 많아 어른 말에 순종하지만, 커서는 배짱과 용기가 있고, 힘든 일을 인내하는 참을성이 있다. 편관은 강력한 법이나 검경(檢警)의 권력을 버티는 정신력이기에 월주 편관이 있는 사람은 희생심과 의리가 발달한다. 정관은 자기만 잘하면 된다는 윤리이고, 편관은 타인도 함께 잘되기를 바라는 오지랖이다. 정관은 사회에서 인정받는 게 목적이고, 편관은 자기가 관계 맺은 사람들에게 인정받는 게 목적이다. 정관은 실리적 합리적이며, 편관은 낭만적 감성적이다.

월주 정인(正印)은 다정하고 머리 좋고 질서를 지키는 시민 의식이 있다. 월주 정인은 공부를 잘하고 시키는 대로 살며 어른 말에 순종하며 건강하게 사랑받으며 자란다. 월주 편인(偏印)은 의심이 많고 불안증과 우울증이 있다. 편인은 겁이 많고 자라면서 사랑을 온전히 받지 못하며 부모에게 혼나고 부모의 화풀이 대상일 수 있다. 편인은 반쪽의 사랑이라서 정인보다 부모의 정을 다 받지 못하고, 인간관계에서도 온전한 인간관계를 맺기보다는 스쳐 지나가는 관계로 인간에 대한 신뢰가 약하다.

정인이 인간관계에서 온전히 사랑받는다면 편인은 주고받는 인간관계를 맺는다. 정인이 평온하다면 편인은 불안하다. 정인이 사람을 믿는다면 편인은 사람을 믿지 않는다. 여자 사주에 월주도 일지도 편인이면 아이를 낳지 않을 수 있다. 편인이 식상(여자에게 자식)을 극(剋) 하기에 월주와 일지가 편인이면 여자는 자식 키우는 일을 힘들어한다. 남자 사주에 월주도 일지도 편인이면 정규직의 직장생활을 하지 못하고, 몇 번의 직업 변동을 하며 나중에는 프리랜서로 일한다.

53. 사주 십성(十星)으로 일주 보는 법

일주(日柱)는 내가 태어난 날로 일간(日干)과 일지(日支)로 구성된다. 일간은 갑을병정무기경신임계 중의 하나로 태어나고, 일지는 자축인묘진사오미신유술해 중 하나로 태어난다.

천간의 오행(五行)에 따라서 운동 방향이 다르기에 십 천간 중 어느 천간으로 태어났는지에 따라 어느 계절의 운(運)을 사는지 알 수 있다. 천간의 갑목(甲木)과 계수(癸水)는 해묘미(亥卯未) 삼합(三合)으로 봄의 활기찬 삶을 산다. 천간의 을목(乙木)과 병화(丙火)와 무토(戊土)는 인오술(寅午戌) 삼합으로 쑥쑥 성장하는 여름을 산다. 천간 정화(丁火)와 기토(己土)와 경금(庚金)은 사유축(巳酉丑) 삼합으로 성숙해져서 열매를 맺는 가을을 산다. 천간 신금(辛金)과 임수(壬水)는 신자신(申子辰) 삼합으로 재물과 재산을 보관하는 겨울을 산다.

삼합은 세 개의 지지가 묶여서 지살(地煞), 장성살(將星煞), 화개살(華蓋煞)을 짠다. 지살(地煞)은 시작하고, 장성살은 결과물을 완성하고, 화개살은 쉬는 일이다. 일간 갑목과 계수는 해묘미(亥卯未) 삼합 운동을 하기에, 해월(亥月)에서 움직임을 시작하고, 묘월(卯月)에서 자기 모습을 완성하고, 미월(未月)에서 쉰다. 일간 갑목과 계수는 해묘미 세 글자 중에서 한 글자만 사주에 있어도, 자기 독립심이나 자립심으로 사회생활을 잘할 수 있다. 삼합은 사회적 관계로서 사회 속에서 타인들과 화합하고 타협하면서 삶을 사는 능력이다.

일간은 '나'이며 일지(日支)는 배우자 궁(宮)이며, 본질적인 자기 성격이다. 일지가 비견(比肩)이면 친구가 많고 인간관계를 잘하며 타인에게 의지하지 않고 독립적으로 산다. 비견은 건강한 체력, 자신감, 생활력이기에 사회생활을 하면서 기가 죽지 않고, 실패해도 지치지 않고 일어서는 오뚝이 정신이다. 비견은 재성을 극(剋) 해서 자기 재물로 만들기에 부지런하고 성실하다.

남자 사주에서 일지가 겁재(劫財)이면 겁재가 정재(正財)인 아내를 겁탈하기에 아내복이 약하다. 겁재는 처음에는 잘 지내다가 이해타산이 얽히면 원수가 된다. 남녀 모두 일지가 겁재이면 돈을 벌어도 돈이 모이지 않기에 돈 관리를 잘해야 한다. 일지 겁재이면 투자나 투기는 하지 말고, 티끌 모아 태산처럼 예금이나 적금으로 알뜰하게 관리해야 돈을 벌 수 있다. 일지 겁재이면 투기성이 있어서 노름, 도박, 주식, 가상화폐에 투자해서 일시적으로 돈을 벌 수 있지만 결국에는 돈이 없어진다. 그러나 사주에 겁재를 제압하는 정관이나 편관이 있으면 남자는 아내와 돈을 지킬 수 있고, 여자도 돈을 지킬 수 있다.

일지가 식신(食神)이면 사랑이 많고 다정하고 순하다. 식신은 먹고 사는 자기 생활력이다. 큰 부자는 못 되어도 인생을 즐겁게 산다. 식신은 어디를 가도 적응하며 살아남는다. 남녀 모두 일지 상관(傷官)이면 정규직의 직장생활을 하지 못하고, 프리랜서로 일하며, 몇 번의 직업 변동이 있다. 일지 상관이 정규직의 직장생활을 한다면 연봉이 높은 직업일 때만 가능하다. 상관은 정관을 상(傷)하게 하기에 정규직(정관)의 직업을 오래 갖지 못한다. 상관이 잘 풀리면 정치인, 예술인, 종교인, 교수, 연구원이 될 수 있다. 그러나 보통의 상관은 자영업을 하면서 돈을 번다. 일지가 식신이나 상관은 자기 만족적이기에 크게 성공하거나 큰 부자는 못 된다. 여자 일지 상관은 결혼해도 이혼수(離婚數)가 있기에 결혼하지 않고 혼자 살 수 있다.

일지가 정재(正財)이면 성실하고 근면하고 알뜰하다. 남자 사주에 일지가 정재이면 아내복이 있다. 정재는 사회질서를 지키면서 안정적으로 돈을 번다. 일지가 편재(偏財)이면 돈을 모으기 힘들다. 편재는 벌면서 쓰는 돈으로 저축보다는 소비가 많다. 편재는 인생 한 방이라는 한탕주의 기질이다. 편재는 오지랖이 있어서 사람에게 퍼주기를 잘한다. 정재가 구두쇠로 돈을 번다면, 편재는 돈 관리를 잘해야 부자가 될 수 있다. 사주에 편재가 네 개 이상이면 벌기보다는 쓰기를 잘해서 돈이 없어지기에 편재는 저축하기를 연습해야 돈고생을 하지 않는다.

일지가 정관(正官)이면 성실하고 근면하고 상하 관계를 잘하고 조직 생활을 잘한다. 정관은 주어진 질서를 지키는 생활 태도이다. 여자 일지가 정관이면 남편과 잘 지내고, 편관(偏官)이면 남편 때문에 스트레스를 받는다. 여자 일지 편관은 남편 때문에 화병을 앓거나 몸이 아플 수 있다. 남녀 모두 일지가 정관이면 직장생활을 힘들지 않게 하고,

일지가 편관이면 직장에서 일복이 많고 인간관계도 힘들다.

일지 편관이면 남녀 모두 건강관리를 해야 한다. 편관은 스트레스를 이겨내는 참을성으로 참고 참다가 몸에 병이 들 수 있다. 정관이 조직에서 무리 없이 산다면, 편관은 조직에서 스트레스를 받으면서 산다. 편관은 정의와 공정을 따지며, 사회생활에서 불합리와 불평등에 저항하기에 인간관계가 힘들 수 있다. 여자 일지가 편관이면 남편이나 직장 일로 스트레스를 받으면서도 버텨내는 희생심과 책임감이 있다.

일지가 정인(正印)이면 어른들에게 사랑받고 인정받으며 산다. 정인은 기존 질서를 있는 그대로 불평 없이 따른다. 일지가 편인(偏印)이면 어떨 때는 인정받고 어떨 때는 인정받지 못한다. 편인은 반만 인정받는 것으로 사랑도 반만 받기에 예민하고 불안하다. 편인은 세상의 불합리를 알아차리는 직관력으로 세상이 순진하고 순수하다고 생각하지 않는다. 정인이 의심 없이 세상의 지식과 정보를 받아들인다면, 편인은 세상의 사물과 사람과 지식과 정보를 의심하며 이면의 진실을 탐구한다. 남녀 모두 일지가 인성이면 머리가 좋아 공부를 잘할 수 있다.

54. 사주 십성(十星)으로 시주 보는 법

　시주(時柱)는 태어난 시간으로 말년운과 자식운을 보는 자리이다. 옛사람들은 자기가 태어난 시간을 정확하게 모르기에 아침, 점심, 저녁 정도로 시간을 알고 있다. 시간을 확실히 모를 때는 아침이면 인묘진(寅卯辰)의 시간으로, 낮이면 사오미(巳午未)의 시간으로, 오후이면 신유술(申酉戌)의 시간으로, 밤이면 해자축(亥子丑)의 시간으로 계산하면 된다. 태어난 시간을 정확하게 몰라도 사주를 볼 수 있는 건, 말년의 대운(大運)을 보면 된다. 말년에 오는 대운으로 말년운(末年運)을 읽을 수 있다.

　시주(時柱)는 자식의 운을 보는 곳이기에 여자이면 식상의 기운으로 자식을 보고, 남자이면 관성의 기운으로 자식을 보면 된다. 여자 사주(四柱)에 시주(時柱)가 식신(食神)이면 자식운이 좋고, 남자 사주에 시주가 정관이면 자식운이 좋다.

　시주(時柱: 태어난 시간)가 비견(比肩)이면 말년에도 사회 생활하면서 사람들과 어울리며 지낸다. 비견은 독립성이고 건강한 신체이며 누구에게 의지하지 않고 자기 취미생활을 하면서 친구들과 즐겁게 지낸다. 시주가 겁재(劫財)이면 사람들과 즐겁게 지내지만, 친한 사람에게 사기당하거나 자식에게 돈을 빼앗길 수 있다. 비견은 재산을 지키지만, 겁재는 재산을 혈육이나 타인에게 빼앗길 가능성이 있기에 시주에 겁재가 있으면 돈 관리를 잘해야 한다. 시주가 겁재이면 부동산이나 땅에 재산을 묻어두어야 재산을 남에게 빼앗기지 않는다.

　시주가 식신(食神)이면 말년에도 잘 먹고 건강하게 산다. 식신은 먹을 복, 수명복, 인생을 즐겁고 밝게 사는 능력이다. 식신은 예술적 기질이기에 시주에 식신이 있으면 그림이나 음악이나 글쓰기를 하면서 말년을 보낸다. 여자 사주의 시주가 식신이면 자식이 잘되고, 말년까지 자식과 사이가 좋다. 여자 사주의 시주가 상관(傷官)이면 남편 없이 혼자 살 수 있다. 상관은 남편인 정관을 극(剋) 하기 때문이다. 상관은 자기 마음대로 살고자 하는 심리로 간섭받기를 싫어한다. 여자 시주(時柱)의 상관은 남편과 사이가 좋지 않지만, 자식만은 사랑한다. 남자 사주의 시주가 식신이나 상관이면 취미 활동을 하면서 일도 하고 사람도 만나면서 활발하게 산다. 남자 사주의 시주가 상관이면 정관인 자식을 상관이 극(剋) 하기에 자식과는 거리가 멀다.

　시주(時柱)가 정재(正財)이면 말년에도 성실하게 일하며 돈을 번다. 정재는 일을 하고 돈을 버는 능력이다. 시주에 정재가 있으면 말년에는 돈으로 부족하지 않고, 소일거리라도 하면서 몸을 움직이기에 아프지 않고 오래 산다. 시주가 편재(偏財)이면 말년에도 일은 하지만 돈이 부족할 수 있다. 정재가 모이는 돈이라면 편재는 벌면서 나가는 돈이다. 편재는 돈을 은행에 맡겨 두지 못하고, 계(契)나 사채나 주식이나 가상화폐에 투자하다가 돈을 벌기도 하고 잃기도 하는 재물이다. 편재는 돈을 투자하든지 빌려주든지 돈을 가지고 돈놀이를 하는 기질이다. 그러다가 크게 돈을 벌 수도 있지만, 크게 손해 볼 수도 있기에 시주(時柱)에 편재가 있으면 절제하고 돈 관리를 잘해야 돈으로 고생하지 않는다.

 시주가 정관(正官)이면 말년에도 사람들과 잘 지내며 안정적으로 살며, 배우고 싶은 공부도 하면서 자기 인생에 만족한다. 남자 사주의 시주가 정관이면 자식이 잘된다. 정관은 정규직으로 은퇴하며, 은퇴한 후에도 소일거리를 찾아서 일도 하고 취미생활도 하면서 산다. 시주가 편관(偏官)이면 말년에 아플 수 있다. 편관은 사회생활에서 일어나는 스트레스를 감당하다가 몸이 아프거나 마음고생을 할 수 있다. 정관이 노화로 인한 아픔이라면 편관은 사람이나 일이나 돈으로 인한 스트레스를 견디고 참아야 하기에 시주에 편관이 있으면 암보험이나 실비보험을 들어두어야 한다. 남자 사주의 시주에 편관이 있으면 자식운이 좋기도 하지만, 자식 때문에 마음이 아플 수도 있다. 편관은 잘 되면 크게 성공하고, 잘못되면 스트레스가 된다. 관성(官星)은 남자에게 자식이고 여자에게는 남편이다. 여자 사주의 시주에 정관이 있으면 남편과 해로하지만, 편관이 있으면 남편 때문에 고생할 수 있다.

 시주가 정인(正印)이면 말년에 부동산이나 재산이 있어서 느긋하게 산다. 정인은 일간을 보호하는 물질적 조건이며 인맥이다. 정인은 사람들에게 인정받는 기운이기에 시주에 정인이 있으면 사회적으로 인정받고 사랑받으며 산다. 시주에 편인(偏印)이 있으면 말년에 학문적 업적을 낼 수 있고 예술이나 문화 방면에서 성공할 확률이 높다. 그러나 여자 시주의 편인은 자식과 거리가 멀고, 자식 일로 마음이 아플 수 있다. 시주가 정인과 편인이면 배우고 학습하는 공부를 좋아하기에 말년을 보람 있게 보낸다. 시주의 인성(印星)은 지혜로움이고 돈이 없어도 평온하게 살 수 있는 정신력이다. 정인과 편인은 자기만족을 잘하기에 요즘 유행하는 '소박하지만 확실한 행복감'을 느낄 수 있다.

55. 사주의 온도

　사주학(四柱學)에서 온도는 계절이다. 봄은 따스함이고 여름은 뜨거움이고 가을은 선선함이고 겨울은 차가움이다. 사주의 온도는 태어난 달인 월지(月支)가 결정한다. 월지는 계절을 나타낸다. '몇 월 며칠'에 태어났느냐에 따라 계절이 결정되기에 사주의 온도가 달라진다.
　봄이나 여름에 태어난 사주는 따스하다. 봄에 나무로 태어났으면 나무가 자라기에 좋은 계절이다. 봄나무로 태어났으면 태양과 물과 땅이 있으면 된다. 예를 들어 갑목(甲木)이 인묘진(寅卯辰) 월에 태어났으면 갑목은 병화(丙火)와 임계수(壬癸水)와 무토(戊土)가 있으면 좋다. 여기에 가끔 가지치기할 경금(庚金)이 있으면 더 잘 자란다. 봄나무로 태어나면 따스한 봄을 살기에 고생하지 않고 무탈하게 산다.
　갑목이 사오미(巳午未) 여름에 태어났으면 성장할 대로 성장한 나무이기에 잎사귀와 줄기가 무성하다. 봄부터 자란 뿌리와 줄기와 잎사귀가 여름이면 자랄 만큼 자라 있다. 이런 갑목이 한여름의 무더위를 버티려면 임계수(壬癸水)가 있어야 한다. 임계수 물이 뜨거운 여름의 열기를 식혀주어서 여름 나무가 한여름의 뙤약볕을 버티고 그늘을 만들어서 사람들을 쉬게 한다.

　병화(丙火)가 사오미(巳午未) 한여름에 태어났으면 불이 활활 타오르는 사막처럼 뜨겁다. 이럴 때는 사주를 중화시킬 임수(壬水)가 있어서 뜨거운 온도를 적절하게 식혀주어야 병화가 살 수 있다. 한여름의 병화로 태어나면 임수 외에 기토(己土)가 있어서 기토가 병화의 뜨거운 기운을 빼앗아서 기토에서 자라는 갑을목을 키우면 좋다. 병화와 임수는 수극화(水剋火)를 하지만, 서로가 서로에게 온도 조절용으로 상호 보완적인 관계이다. 임수라는 바닷물에 태양인 병화가 떠 있다면 바다는 아름답게 빛나는 풍경이 된다. 이렇게 병화와 임수는 서로에게 꼭 필요한 짝꿍이다.

　한여름의 무토(戊土)로 태어나면 무토는 뜨거운 양토(陽土)이기에 임수와 갑목과 경금이 있어야 무토가 아름다운 산이 된다. 한여름의 무토 산이 메말라 있을 때 임수가 있어서 무토를 촉촉하게 만들면 무토에 뿌리내린 갑을목이 잘 자란다. 그리고 무토에서 갑을목 나무가 너무 자랐을 때 가지치기할 경금이 있으면 한여름의 무토는 아름다운 대지(大地)가 된다.

　경금(庚金)은 갑을목을 키우는 원예용 도구이며 농기구이고, 추수할 때 사용되는 기계류이다. 경금은 태어난 계절에 따라 기구의 용도가 달라진다. 인묘진(寅卯辰) 봄에 태어난 경금은 새싹으로 올라온 갑을목을 솎아주며 키운다. 사오미(巳午未) 여름에 태어난 경금은 자기를 희생하며 여름의 활활 타오르는 불길에서 필요한 도구로 변형

된다. 예를 들어 불가마 속의 도자기가 경금이고, 용광로 속의 철판이 경금이다. 한여름의 경금은 반드시 임수(壬水)가 있어서 식혀주어야 경금이 제 역할에 맞는 도구가 될 수 있다. 경금은 갑을목을 키우며 수확하는 도구이기에 경금으로 태어난 사주에 갑을목이 있으면 먹고사는 일로 걱정할 게 없다. 신유술(申酉戌) 가을의 경금은 사주에 갑을목이 있으면, 갑을목의 열매를 수확할 수 있어서 재물운이 좋다. 해자축(亥子丑) 겨울의 경금은 차갑기에 병화가 있어서 얼지 않게 만들어 주면 좋다. 이렇게 계절의 온도에 따라서 경금의 쓰임이 다르다.

임수(壬水)는 사계절 내내 필요하다. 봄에는 갑을목 나무를 키우고, 여름에는 병정화 더위를 조절하고, 가을에는 경신금을 깨끗하게 하고, 겨울에는 갑을목의 열매나 씨앗을 보관하는 냉장고나 냉동고로 쓰인다. 만약에 임수가 사오미(巳午未) 한여름에 태어나면 사주에 임수의 수원지인 해자수(亥子水)가 있어야 임수가 살기 편하다. 한여름에 임수로 태어났는데 사주 전체가 불기운이고, 대운도 불이고, 세운(歲運)도 불이라면 임수는 뜨거운 열기로 말라 버린다. 그런 운에서 질병에 걸려 고생하거나 임종할 수 있다.

이렇게 어느 계절의 어느 천간으로 태어났는지에 따라 역할이 다르기에 사주는 온도가 중화되어야 좋다. 봄가을에 태어나면 큰 고생하지 않고 무난하게 살지만, 한여름이나 한겨울에 태어나면 사주의 온도를 중화시키는 글자가 있어야 한다.

한겨울에는 병정화가, 한여름에는 임계수가 있어야 사주의 온도가 중화된다. 한겨울의 병정화 불로 태어나면 차가운 임계수로 꺼져버리기에 사주에 병정화를 돕는 갑목과 병화가 있어야 한다. 한여름의 임계수로 태어나면 임계수가 마르지 않기 위해 사주에 경신금과 임계수가 있어야 한여름을 버텨낸다. 사주가 극단적으로 덥거나 추우면 온도를 중화시켜 줄 글자가 사주에 있거나 대운에서 들어와야 한다. 그렇지 않으면 질병에 시달리거나 우울하거나 불안증을 앓을 수 있다.

  사주를 볼 때, 사주가 더운지 추운지 살펴보고, 더우면 더위를 해결할 글자가 있으면 좋고, 추우면 추위를 해결할 글자가 있으면 좋다. 사주가 음기운(陰氣運)만 있으면 음기운을 중화시킬 양기운의 글자가 좋고, 사주가 양기운(陽氣運)만 있으면 양기운을 중화시킬 음기운의 글자가 좋다. 사주가 음양이 조화되고, 사주의 온도를 적당하게 맞춰주는 글자가 있다면 그 사주는 먹고사는 일로 고생하지 않는다.

56. 사주와 문서운

 사주 상담에서 많이 물어보는 질문 중에 문서운이 있다. 문서운은 승진, 합격, 계약서에 사인(Sign)하는 일, 집을 사고파는 부동산(不動産) 서류, 이사할 때 작성하는 문서 같은 운이다. 이런 문서운을 보는 십성(十星)이 인성이다. 인성은 일간(日干)을 돕는 것들로 어머니의 보호, 학교 공부를 잘하는 머리, 신체적 건강이다. 인성은 도장 인(印)의 인(印)이기에 각종 서류에 도장과 이름이 찍힌 종이나 상장(賞狀), 자격증을 통칭한다. 그래서 문서운을 보려면 인성의 동태를 보아야 한다.

 인성이 사주에 없어도 대운(10년의 운)이나 세운(1년의 운)에서 인성운이 들어오기에 모든 사주에 문서운이 있다. 운(運)이 흐르듯이 십성(十星)도 돌고 돌기에 대운, 세운, 월운(한 달의 운)에서 인성운이 들어온다. 그래서 인성운인 문서운이 없는 사주는 없다. 운에서 인성운이 들어올 때 문서에 변화 변동이 생기고 집이나 땅을 사고파는 운이 생긴다.

사주에서 문서운을 보는 십성은 인성(印星)인데 운에서 인성운이 들어와서 관인상생(官印相生)을 받을 때도, 재극인(財剋印)을 당할 때도, 상관패인(傷官佩印)할 때도, 인성의 문서운이 작용한다. 인성이 관인상생을 받으면 관에서 인정하는 문서를 받고(합격운, 승진운), 인성이 재극인을 당하면 부동산(不動産)이나 동산(動産)을 사고팔면서 문서를 가질 수 있고(집문서, 주식이나 채권 소유증명서), 인성이 상관패인을 하면 실리적으로 똑똑하게 문서(계약서, 법인등록증, 자격증)를 잡을 수 있다.

인성은 정인(正印)과 편인(偏印)이 있는데, 정인과 편인의 역할을 구분해서 정인은 정식 문서이고, 편인은 반쪽짜리 문서로 보는데, 현대사회에서는 정인과 편인을 둘 다 좋게 본다. 굳이 구분해서 정인은 문과적인 공부이며 자상한 어머니, 정식 문서이고, 편인은 이과적인 공부이며 꾸중하는 어머니, 편법적인 문서로 볼 필요가 없다. 사주학이 유교 시대에 완성되었기에 정인은 행정 관료 공부이고, 편인은 과학 기술 공부로 구분했으며, 정인은 양반이 보는 과거 공부이고, 편인은 중인이 보는 잡과 공부로 분류했다. 정인은 이론 공부, 편인은 실무 공부로 구분하기도 하지만, 현대사회에서는 과학 기술 영역의 연구원(편인)도 정부 관료(정인)만큼 중요한 역할을 하기에 정인과 편인을 구분할 필요가 없다.

공부를 상징하는 인성이 문서운을 나타내는 이유는 공부한 사람이 졸업장이나 자격증 같은 문서를 받기 때문이다. 인성은 문서로 증명되고, 부동산을 사고파는 일도 문서에 기록하기에 부동산 매매운(賣

買運)을 인성운으로 예측한다. 사주에 인성이 있다고 해서 부동산 운이나 문서운이 좋아지는 것은 아니다. 인성이 팔자 구성상 위치가 좋아야 하고, 대운이나 세운이나 월운에서 일간을 도와주어야 문서운이 좋다. 인성이 시간(時干)에 있고 관성이 시지(時支)에 있어서 관인상생(官印相生)이 되면, 말년에 문서운이 좋아서 부동산 복이 있고 생활이 안정될 수 있다.

그러나 사주에 문서운 좋다고 해서 부동산을 팔고 사는 일이 순조로운 건 아니다. 개인 사주보다 더 중요하게 작용하는 요인이 나라의 정치 경제 상황이다. 나라의 정치 경제 상황이 나쁘면 개인 사주의 문서운이 아무리 좋아도 문서운이 좋게 작용하지 않는다. 예를 들어 금리가 오르면 대출이자가 높기에 대출로 부동산을 사면 오히려 문서운이 나빠진다. 금리는 개인 사주가 결정하는 게 아니라 나라의 정치 경제 상황이 결정하기에 개인 사주에 인성운이 좋아도 문서운은 약해질 수 있다.

사주에 인성만 문서운으로 작용하는 것은 아니다. 요즘 시대는 부동산이 재테크의 수단이기에 재성(財星)도 문서운으로 작용한다. 사주의 인성(印星)이 세운(歲運: 한 해의 운)에서 재성을 만나서 재극인(財剋印)이 되면, 그해에 문서 이동수가 있고 집을 사고파는 일이 순조롭게 진행되어 문서운이 긍정적으로 작용한다. 세운(歲運) 말고도 월운(月運)에 인성이 있거나, 재극인이 있으면 문서운이 작동된다. 그러나 사주에 인성이 연지(年支)에 있고 기세가 약하면, 재극인 운이 부정적으로 작용하기에, 그런 운에서는 대출해서 집을 사면 안 된다.

문서운이 있을 때는 집을 사는 일이 순조로울 수 있어도 집을 파는 일이 뜻대로 되지 않을 수 있다. 팔아야 할 집이 돈이 되지 않는 동네에 있거나, 헐고 낡았으면 집이 팔리지 않는다. 집의 조건이 열악하다면 집을 싸게 팔거나, 집을 수리해서 팔아야 한다. 집을 방치한 채 팔려면 집이 팔리지 않기에 집을 깨끗하게 만들어야 집이 팔린다. 사주에 문서운이 있어도 매매운이 좋아도 집을 팔려면 집을 수리해서 내놓아야 팔린다. 집 상태가 좋으면 금세 팔리고, 집 상태가 나쁘면 문서운이 있어도 집이 팔리지 않는다.

합격운이나 승진운도 문서운인 인성운으로 읽지만, 인성운이 들어왔다고 해서 합격하거나 승진하는 것은 아니다. 공부하지 않았거나 노력하지 않았으면 불합격하고 승진에서 탈락한다. 운명은 노력하고 준비한 사람에게 좋게 작용하고, 게으른 사람에게는 운(運)이 좋게 작용하지 않는다. 그래서 운명을 이끄는 주체는 사주가 아니라 자기 의지와 노력이다. 노력하지 않으면 인성운이 들어왔어도 합격운이나 승진운이 없다.

대운(大運)도 인성운(印星運), 세운(歲運)도 인성운, 월운(月運)도 인성운인데, 사주에 인성이 많으면 문서운이 부정적으로 작용한다. 사주팔자는 음양오행이 골고루 중화되어야 좋게 작용하기에 하나의 십성이 너무 많으면 나쁘게 작용한다. 사주에 인성이 네 개 이상이면 인성이 식상(부지런한 생활력)을 제압하기에 일도 하지 않고 건강도 나빠질 수 있다. 인성이 너무 많으면 고집만 세고 무사태평하기에 공부를 열심히 해서 전문가나 실력자가 되어야 인생이 잘 풀린다. 인성운이 좋은 사주는 사주에 인성이 두 개쯤 있는 사주이다.

57. 〈자평진전〉의 논리

〈자평진전(子平眞詮)〉은 '서자평(徐子平)'의 이론이다. '서자평'은 전국시대 오대 말 북송 초의 인물이다. 〈자평진전〉은 사주를 볼 때 띠 기준으로 보았던 당사주(당나라 때 사주)와 다르게, 사주의 연월일시(年月日時)를 모두 중요하게 생각하고, 태어난 날인 일간 위주의 사주학을 정립한 책이다.

〈자평진전〉 이전의 명리학을 당사주라고 하는데 연지(年支: 띠)를 중요하게 보고, 지지(地支) 위주로 사주의 길흉을 판단했다. 요즘에도 널리 쓰이는 삼재(三災) 이론도 당사주 이론이며 당사주를 명리학의 구법(舊法)이라고 한다. 이에 비해 송나라 때 완성된 〈자평진전〉은 명리학의 신법(新法)으로 사주를 볼 때 생년월일시(生年月日時)를 모두 보며, 사주 해석의 기준을 띠(태어난 연도)에서 일간(태어난 날)으로 바꿔 놓은 이론이다.

〈자평진전〉은 생년월일시 모두를 중시하고, 일간 위주로 사주를 해석하는 이론이다. 천간(天干), 지지(地支), 지장간(支藏干)을 모두 해석하고 사주의 중화(中和)를 강조하고 중화된 사주를 좋게 본다. 〈자평진전〉은 사주의 용신(用神)을 월지(月支: 태어난 달)로 보고, 용신을 돕는 상신(相神)을 정해서 격국론(格局論)을 완성한 이론이다. 천간(天干)을 하늘, 지지(地支)를 땅, 지장간(支藏干)을 인간으로 대입하고 천지인(天地人) 삼재(三才) 이론으로 완성한 책이 〈자평진전〉이다.

〈자평진전〉은 일간이 주체이고, 나머지 일곱 자인 연간(年干), 연지(年支), 월간(月干), 월지(月支), 일지(日支), 시간(時干), 시지(時支)는 객체로 본다. 일간을 기준으로 나머지 일곱 자와 맺는 관계를 십성(十星)으로 명명하였다. 십성은 비견, 겁재, 식신, 상관, 정재, 편재, 정관, 편관, 정인, 편인이다. 이 중에서 식신, 정재, 정관, 정인은 사길신(四吉神)이기에 순행하는 운이 좋다고 한다. 순행은 생(生) 해주는 운이다. 반면에 상관, 편관, 편인, 겁재는 사흉신(四凶神)이기에 역행하는 운이 좋다고 한다. 역행하는 운은 극제(剋制) 하는 운이다. 그리고 십성이 골고루 배치된 사주를 중화된 사주로 본다. 명리학은 유학의 영향을 받았기에 중용과 중화를 궁극적 목적으로 보고 사주가 중화되면 좋은 사주라고 한다.

〈자평진전〉은 궁(宮) 이론과 십성(十星) 이론으로 육친(六親: 아버지, 어머니, 형제자매, 아내, 남편, 자식)을 해석한다. 육친을 보는 첫 번째 방법은 궁(宮)으로 보는데, 연주(年柱)는 조상궁, 월주(月柱)는 부모궁, 일주(日柱)는 배우자궁, 시주(時柱)는 자식궁으로 본다. 육친을 보는 두 번째 방법은 십성(十星)으로 본다. 일간을 생(生) 해주는 인성은 어머니, 일간이 극(剋) 하는 편재는 아버지이다. 일간이 극하는 정재는 남자에게 아내이다. 여자에게 일간을 제압하는 정관이 남편이다. 남자에게 일간을 제압하는 정관과 편관이 자식이고, 여자에게 일간이 생(生) 하는 식신과 상관이 자식이다. 비견과 겁재는 형제자매이다. 사주에서 육친을 볼 때는 궁(宮)도 보고 십성(十星)도 보아야 한다.

용신(用神)은 일간의 격(格)을 결정하는 글자로 월지(태어난 달)이다. 용신이 어떤 십성인지를 보고 그 십성을 도와주는 글자를 상신(相神)이라고 한다. 상신은 용신을 돕는 글자이지 사주를 중화시키는 글자가 아니다. 예를 들어 월지가 정인(正印)이면 정인는 길신(吉神)이라서 생(生)을 해주는 관성(官星)이 상신이다. 월지가 상관(傷官)이면 상관은 흉신(凶神)이라서 상관을 제압하는 인성(印星)이 상신이다. 이렇게 월지 기준으로 일간의 격국을 결정하기에 〈자평진전〉에서 월지는 중요한 해석의 기준이다.

〈자평진전〉은 상신 외에 사주를 중화하는 용신으로 억부용신과 조후용신도 사용한다. 사주가 인성과 비겁이 많으면 식상과 재성과 관성이 용신이다. 사주가 재성과 관성이 많으면 인성과 비겁이 용신이다. 이러한 용신을 억부(抑扶) 용신이라고 한다. 사주가 차가우면 사주를 따뜻하게 하는 글자가 용신이며, 사주가 뜨거우면 사주를 차갑게 하는 글자가 용신인데 이런 용신이 조후(調候) 용신이다. 이밖에 병약(病藥) 용신, 통관(通關) 용신, 종왕(從旺) 용신이 있는데, 사주 상담가마다 알아서 채택해서 사용하면 된다.

〈자평진전〉은 12운성(12運星) 이론에서 갑을, 병정, 무기, 경신,

임계를 양간(陽干)과 음간(陰干)으로 구분하지 않고 동생동사(同生同死)한다고 보았다. 예를 들어 갑을목 나무가 둘 다 해수(亥水)에서 장생(長生)하고, 오화(午火)에서 죽는다(死)고 보는 원리이다. 반면에 당나라 때 '이허중'은 천간 각각은 음생양사(陰生陽死)한다고 보았다. 예를 들어 음목(陰木)인 을목(乙木)은 양간(陽干)인 갑목과 다르게 오화(午火)에서 장생(長生)하고 해수(亥水)에서 죽는다고 보았다. 이렇게 12운성 이론도 학자마다 다르기에 사주 상담가는 자기만의 이론을 선택해서 사용해야 한다.

〈자평진전〉의 의의는 사주 해석을 할 때 일간을 기준 삼았다는 것, 육친을 십성으로 구분했다는 것, 그리고 각각의 궁에 육친의 의미를 부여했다는 것, 사주의 격국 이론을 완성하고 용신과 상신을 찾아서 사주를 중화시키는 글자를 규정했다는 것, 여기에 억부용신과 조후용신과 12운성 이론을 사용하며 사주를 해석하는 방법을 완성했다는 점이다. 이런 의미에서 〈자평진전〉은 현대에도 의미가 있는 명리서(命理書)라고 할 수 있다.

58. 〈적천수〉의 논리

〈적천수(滴天髓)〉 이론은 명나라 때 '유백온'의 이론이다. 〈적천수〉는 송나라 때 〈자평진전〉과 유사하지만, 〈자평진전〉의 격국론을 중요하게 여기지 않는다. 그리고 당나라 때 완성된 연지(年支:띠) 기준의 신살론도 부정한다. 사주는 음양오행의 생극제화(生剋制化)가 해석의 기준이라고 정의하며, 중화억부(中和抑扶)를 할 수 있는 글자가 운에서 들어오면 사주가 좋게 흐른다고 해석한다. 중화는 음양오행이 치우침 없이 골고루 있어서 사주가 조화를 이룬 상태이다. 유교에서 중용을 강조하듯이 사주에서도 중용을 좋게 보고, 중화를 기준 삼는다.

〈적천수〉는 〈자평진전〉에서 완성한 격국론이 복잡하다고 보았다. 〈적천수〉는 사주팔자의 기세(氣勢)가 센지 약한지를 구분하고 세면 누르고 약하면 돕는다는 억부(抑扶) 이론을 중요하게 다루었다. 〈적천수〉는 신살론(神煞論)도 배제한다. 신살론은 당나라 때 띠(태어난 해)를 기준으로 사주를 해석하는 방법이다. 그런데 송나라 때 〈자평진전〉 이후 일간(日干)을 기준으로 연주(年柱)와 월주(月柱)와 시주(時柱)를 해석했기에, 이때부터 신살론의 기준을 일지(태어난 날의 지지) 기준으로 대입하는 해석도 나왔다. 그러면서 신살론의 기준이 띠(태어난 해)와 태어난 날의 두 글자를 기준 삼았기에 신살론만 많아지게 되었다. 그래서 〈적천수〉는 신살론을 중요하게 생각하지 않는다.

신살론의 대표적인 예가 삼재(三災)이다. 삼재는 크게는 수재(水災), 화재(火災), 풍재(風災)이고, 작게는 전란(戰亂), 기근(飢饉), 질병(疾病)이다. 삼재는 띠 기준으로 설명하면 신자진(申子辰) 띠는 인묘진(寅卯辰) 3년간, 해묘미(亥卯未) 띠는 사오미(巳午未) 3년간, 인오술 띠는 신유술(申酉戌) 3년간, 사유축(巳酉丑) 띠는 해자축(亥子丑) 3년간 되는 일이 없다는 해석이다. 그런데 송나라 이후 〈자평진전〉에서 일주(日柱)를 기준 삼으면서 일지(日支)도 삼재의 예로 해석하는 바람에 사주 전체가 신살로 생고생을 하는 결과가 되었다. 그래서 〈적천수〉는 신살론을 부정하고, 사주를 해석할 때 신살론보다는 천간의 생극제화(生剋制化)를 기준 삼고 십성(十星)으로 사주를 해석하는 원리를 정착시켰다.

〈자평진전〉과 〈적천수〉의 공통점은 천간의 생극제화(生剋制化)와 지지의 합형충파해(合刑冲破害)로만 사주를 해석해야 기준이 명확하다고 본다. 그런데 〈적천수〉는 〈자평진전〉에서 천간의 동생동사(同生同死)로 인정한 12운성(12運星) 이론이 맞지 않다고 하며 사주 해석에서 사용하지 말라고 한다. 그리고 〈적천수〉는 〈자평진전〉에서 복잡하게 규정한 격국론을 팔격(八格)으로 간략하게 정리한다. 월지(태어난 달의 지지)에 따라서 식신격, 상관격, 정재격, 편재격, 정관격,

편관격, 정인격, 편인격으로 나누었다.

〈자평진전〉은 격국이 결정되면 사길신(식신격, 재성격, 정관격, 정인격)은 생(生) 해주는 운이 좋고, 사흉신(상관격, 편관격, 편인격, 양인격)은 극(剋)을 하는 운이 좋다고 한다. 〈자평진전〉이 월지(月支)로 격국(格局)을 잡고, 생(生) 하거나 극(剋) 하는 용신론(用神論)을 폈다면, 〈적천수〉는 사주가 강하면 누르고 약하면 보강해주는 억부(抑扶) 용신을 중요하게 생각한다. 〈적천수〉는 〈자평진전〉의 격국 용신도 인정하지만, 음양오행의 생극제화와 중용을 이룰 수 있는 억부 용신을 더 중요하게 본다.

〈적천수〉는 천간(天干)은 눈에 보이지 않는 기의 형상으로 해석하고, 지지(地支)는 눈에 보이는 물질로 해석한다. 천간으로는 정신 영역을 해석하고, 지지로는 물질 기반을 해석한다. 지장간(支藏干)으로는 숨겨진 욕망을 해석한다. 사주 이론을 배우면서 제일 처음 접하는 이론이 〈적천수〉이다. 〈적천수〉 이론은 강하면 누르고 약하면 돕는 글자를 찾아서 사주를 중화시키면 된다는 이론이기에 초보 학습자들이 사주 공부를 시작할 때, 쉽게 접할 수 있는 이론이다. 그러다가 〈적천수〉 이론만으로는 사주와 실제 사주 당사자의 삶이 잘 맞지 않는 것 같아서 〈자평진전〉도 공부하고 〈궁통보감〉도 공부하고, 신살론도 대입해 보고, 12운성도 대입해 보면서 사주 공부의 양은 점점 많아지게 된다. 그러면서 자기만의 사주 해석법을 터득하게 된다.

〈적천수〉에서 육친은 하늘이 정해준 이치이다. 육친의 의미는 〈자평진전〉과 같다. 정인은 어머니, 편재는 아버지, 식상은 여자에게 자식, 관성은 남자에게 자식, 정재는 남자에게 아내, 정관은 여자에게 남편, 비겁은 형제자매이다. 그리고 연주(年柱)는 조상궁(祖上宮), 월주(月柱)는 부모 형제궁, 일주(日柱)는 배우자궁, 시주(時柱)는 자식궁으로 해석하는 이치도 〈적천수〉와 〈자평진전〉이 같다. 사람들이 사주를 볼 때 부모운이나 배우자운(配偶者運), 자식운을 물어보는데, 십성과 궁에 대입해서 육친을 해석해주면 된다.

사주 자체도 중요하지만, 운에서 들어오는 대운(10년의 운)이나 세운(1년의 운)이 사주를 중화시키는 운이라면 사주는 좋아진다. 〈적천수〉는 사주를 중화시키는 억부(抑扶) 용신(사주를 도와주는 글자)이 들어오는 대운이나 세운(歲運)을 좋게 본다.

청나라 때 '서락오'는 명리학 이론을 정리하면서 〈자평진전〉, 〈적천수〉, 〈궁통보감〉을 3대 명리서로 꼽았다. 〈자평진전〉은 격국을 중심으로 〈적천수〉는 억부를 중심으로 〈궁통보감〉은 조후(계절의 온도)를 중심으로 사주 이론을 완성한 책이다.

59. 〈궁통보감〉의 논리

〈궁통보감(窮通寶鑑)〉은 명나라 때 〈난강망(欄江網)〉을 청나라 때 '여춘태'가 정리한 책이다. 〈궁통보감〉은 기후 변화를 중요하게 보고, 사주의 습도와 온도를 중화시키는 운이 들어와야 사주가 좋아진다는 이론이다. 〈궁통보감〉은 〈자평진전〉의 격국론이나 〈적천수〉의 억부론보다 사주의 기후가 골고루 중화되어 있어야 사주가 좋다는 이론이다.

예를 들어 봄여름의 갑목(甲木) 나무는 자라야 하기에 병화(丙火)와 무토(戊土)와 임수(壬水)가 사주에 있어야 한다. 가을의 갑목 나무는 경금(庚金)이 있어야 갑목 나무를 베어 생활 도구가 된다. 겨울의 갑목 나무는 차가운 겨울 땅 무토(戊土)에서 버티려면 따뜻한 병화(丙火)가 필요하다. 이렇게 각 계절의 천간마다 역할이 다르기에 필요한 용신 글자가 다르다는 이론이 〈궁통보감〉이다.

한여름의 병화(丙火)에게는 임수(壬水)가 좋고, 한겨울의 경금(庚

金)에게는 병정화(丙丁火)가 좋다. 더우면 차가운 기운이 좋고, 추우면 따뜻한 기운이 좋다는 이론이 〈궁통보감〉이다. 〈궁통보감〉은 계절에 따른 기온 변화를 중요하게 생각하고, 기후가 중화된 사주가 좋다는 이론이다.

사주학의 3대 교과서인 〈궁통보감〉과 〈자평진전〉과 〈적천수〉의 기본 원리는 중화사상(中和思想)이다. 중화사상은 각각의 성질을 버리고 상대에 맞게 조절해서 중용의 자리를 찾는 것이다. 중화사상은 사주가 각각의 글자끼리 생극제화(生剋制化)와 합형충파해(合刑冲破害)를 하면서 적절하게 중화되면 좋다는 이론이다.

천간의 생(生)도 갑을병정무기경신임계(甲乙丙丁戊己庚辛壬癸)가 순서대로 생(生) 하기보다는 음양(陰陽)이 골고루 배치된 상황을 좋게 본다. 음(陰)만 있거나 양(陽)만 있는 사주(四柱)보다는 음양이 골고루 배치된 사주가 좋다. 예를 들어 토생금(土生金)을 하는데, 술토(戌土)와 미토(未土)는 너무 건조해서 양기운(陽氣運)인 경금(庚金)을 생(生) 하지 못한다는 논리이다. 그리고 음간(陰干) 정화(丁火)를 살리려면 음간(陰干) 을목(乙木)보다는 양간(陽干) 갑목이 좋다는 논리이다. 마찬가지로 음간(陰干) 을목(乙木)은 습목(濕木)이기에 음간(陰干) 정화(丁火)보다는 양간(陽干) 병화(丙火)가 좋다는 논리이다. 이렇게 천간 글자끼리 음양의 역할이 다르기에 사주 글자끼리 서로 살려주려면 음양이 맞아야 한다는 논리이다.

〈궁통보감〉도 〈자평진전〉처럼 12운성(12運星) 이론을 취하는데, 화기운과 토기운을 화토동궁(火土同宮)으로 본다. 토기운은 중화의 기운이지만 봄, 여름, 가을, 겨울 중에서 여름인 화기운에 배치하고 있다. 그래서 화기운과 토기운의 12운성의 흐름이 같다.

〈궁통보감〉은 〈자평진전〉이나 〈적천수〉의 격이론(格理論)인 사정격(식신격, 재성격, 정관격, 정인격)과 사편격(상관격, 편관격, 편인격, 양인격)의 구분을 없애고, 계절로만 사주를 해석한다. 〈자평진전〉의 격은 월지(月支)가 격이고, 월지에 따라서 필요한 용신(用神)이 다르다는 이론이다. 이에 반해 〈궁통보감〉은 월지의 계절을 중요하게 생각하고 월지의 계절에 따라서 각각의 천간(天干)에게 필요한 글자나 용신이 다르다고 본다.

예를 들어 인묘진(寅卯辰) 월(月)의 갑을목(甲乙木)은 위로 뻗어 올라가기에 적당 선에서 가지치기할 경신금(庚辛金)이 사주를 좋게 한다는 논리이다. 사오미(巳午未) 월(月)의 갑을목은 병정화(丙丁火)를 만나면 병정화를 생(生) 하기에 갑을목의 힘이 빠지는 게 아니라, 사오미 여름의 불기운으로 갑을목이 더 잘 자란다는 논리이다. 그래서 사오미 월(月)의 갑을목에게 필요한 용신은 임계수가 된다. 그리고 갑을목이 무기토(戊己土)에 뿌리내려서 무기토의 영양분으로 자라지만, 갑을목의 성장이 한없이 커지지 않도록 때가 되면 경신금(庚辛金)으로 가지치기해야 한다. 그리고 갑을목은 임계수(壬癸水)의 물기운(氣運)으로 자라는 크기를 결정한다. 이런 식으로 천간(天干)마다 계절에 따라서 생(生)하고 극(剋) 하는 역할이 다르기에 〈궁통보감〉에서는 천간이 만난 계절(월지)을 중요하게 생각한다.

쉽게 설명하면 사주가 추우면 더운 기운이 좋고, 사주가 더우면 추운 기운이 좋고, 사주가 강하면 극제(剋制) 하는 기운이 좋고, 사주가 약하면 생(生) 해주는 기운이 좋다는 의미이다. 봄가을에 태어난 사람은 기후의 영향이 덜하다. 그러나 한여름이나 한겨울에 태어난 사람은 사주를 중화시켜주는 글자가 운(運)에서 들어와야 한다. 예를 들어 한여름에 병정화(丙丁火)로 태어난 사주가 대운(大運)이나 세운(歲運)에서도 한여름의 불기운이 들어오면 그 사주는 타버린다. 사주에 병정화가 많으면 대운이나 세운이 임계수(壬癸水)나 해자축(亥子丑)의 운으로 흘러가야 사주가 중화되어 좋아진다는 원리이다.

한겨울의 경금(庚金)은 차갑기에 병정화(丙丁火)가 중화의 기운이고, 한겨울의 갑을목(甲乙木)은 병화를 생(生) 하기보다는 병화가 있어야 겨울나무로 살아남는다. 이렇게 십 천간의 계절적 기후를 중요하게 보고 사주를 중화시키는 글자가 용신이 된다고 보는 이론이 〈궁통보감〉이다.

〈궁통보감〉과 〈자평진전〉과 〈적천수〉 이론의 공통점은 십성(비견, 겁재, 식신, 상관, 정재, 편재, 정관, 편관, 정인, 편인)의 역할론이다. 비겁과 인성은 일간의 기운을 돕고, 식상은 일간의 기운을 빼고, 재성은 일간의 기운을 더 강하게 빼고, 관성은 일간을 제압한다. 이런 움직임을 왕상휴수사(旺相休囚死)라고 하는데 왕(旺)은 비겁, 상(相)은 인성, 휴(休)는 식상, 수(囚)는 재성, 사(死)는 관성이다. 사주에 비겁과 인성이 많으면 사주가 강하고, 사주에 식상과 재성과 관성이 많으면 사주가 약하다. 사주가 강한데 대운이나 세운에서 비겁운과 인성운이 들어오면 중화되지 않기에 운이 부정적으로 흐른다. 사주가 약한데 대운이나 세운에서 식상운과 재성운과 관성운이 들어오면 사주가 완전히 약해지기에 병이 들거나 임종할 수 있다. 이렇게 십성의 역할론에 대해서는 〈궁통보감〉과 〈자평진전〉과 〈적천수〉의 이론이 같다.

〈궁통보감〉의 육친론(六親論)도 〈자평진전〉과 〈적천수〉의 이론과 같다. 식상은 여자에게 자식, 재성은 남자에게 아내, 편재는 남녀 모두에게 아버지, 인성은 어머니, 관성은 남자에게 자식, 여자에게 남편이다. 비겁은 남녀 모두 형제자매이다.

〈궁통보감〉에서 사주학는 봄여름가을겨울의 학문이라고 정의하기에 사주는 태어난 계절의 영향을 강하게 받는다. 사주는 천지자연의 음양오행으로 구성되어 있기에 천지자연의 계절적 특징을 잘 알고, 음양오행을 중화시키는 대운이나 세운이 들어올 때를 좋게 본다.

봄여름은 성장하고, 가을겨울은 성장의 결과물을 수확하고 관리한다. 매개자인 토기운은 각각의 계절이 전환될 때 중개자 역할 한다. 사주 자체는 공간이고, 대운(大運)과 세운(歲運)과 월운(月運)과 일진(日辰)은 시간이다. 좋은 사주는 대운과 세운과 월운과 일진에서 사주의 온도를 적절하게 중화시키는 글자가 들어오는 사주이다.

60. 사주는 사람을 읽는 학문

사주에 '내' 운명이 정해져 있다고 믿으면 안 된다. 근대 이후 절대적 지식이나 신(神)은 사라졌기에 사주 이론 역시 절대적 운명학이 아니다. 사주는 하나의 소립자 같은 자연 기호이다. 소립자는 허공에 떠다니면서 다른 소립자들과 만나서 어떻게 변할지 모르는 원자이다. 사주도 마찬가지이다. 사주는 외부 환경에 따라 달라지고, 만나는 사람에 따라 바뀐다. 그래서 사주 상담가는 사주 하나만으로 개인의 운명을 결정론적으로 말하면 안 된다.

사주는 천지자연(天地自然)으로 구성된 글자이다. 천간(天干)에서 갑을(甲乙)이 나무, 병정(丙丁)이 불, 무기(戊己)가 흙, 경신(庚辛)이 쇠(광물, 단단한 열매), 임계(壬癸)가 물이다. 지지(地支)도 인묘(寅卯)는 나무, 사오(巳午)는 불, 진미술축(辰未戌丑)은 흙, 신유(申酉)는 쇠(광물, 열매, 씨앗), 해자(亥子)는 물이다. 사주는 이렇게 천지자연을 나타내고, 사주학은 사람의 삶을 천지자연의 흐름에 비유한 운명풀이이다.

갑을(甲乙)은 나무이기에 자라는 게 운명이다. 병정(丙丁)은 불이기에 세상의 생명체를 살리고 키운다. 무기(戊己)는 생명체의 기반(基盤)으로 생명체의 뿌리를 보호하고 살린다. 경신(庚辛)은 가을에 수확한 열매와 씨앗이다. 임계(壬癸)는 수확한 열매와 씨앗을 보관한다.

인묘진(寅卯辰) 봄에 태어나면 배우고 성장하는 게 운명이고, 사오미(巳午未) 여름에 태어나면 완전히 성장해서 문명과 문화를 발달시키는 게 운명이다. 신유술(申酉戌) 가을에 태어나면 쓸모있는 결과물이 되기 위해 내적 성숙을 다지는 게 운명이고, 해자축(亥子丑) 겨울에 태어나면 생명체가 차가운 기운을 버텨내며 이듬해 새로 태어날 준비를 하는 게 운명이다.

사주는 이렇게 자연의 흐름을 순환하기에, 사주 상담가는 사주를 보면서 언제 죽고 언제 부자가 되고 언제 성공하는지를 확신 있게 말하면 안 된다. 사주에 돈복, 수명복(壽命福), 문서복(文書福), 직업복이 없어도, 사회적 상황이 바뀌거나 개인이 노력하면 운명은 더 나은 방향으로 바뀐다. 그래서 사주 상담가는 사주만 보고 개인의 운명을 결정론적으로 말하면 안 되고, 사회정치적인 상황이나 경제적인 외부 상황과 연관시켜서 사주가 나아갈 방향을 말해주어야 한다. 주관적 편견이나 선입견으로 한 개인의 사주를 자의적(恣意的)으로 읽으면 안 된다.

사주는 개인이 사용하는 자동차이다. 자동차의 종류가 다양하고, 자동차의 기능이 제각각이듯이 사주는 그저 개인이 소유한 자동차이다. 자동차가 봄 길을 갈지, 겨울 길을 갈지는 대운(大運)이나 세운

(歲運)이 나타낸다. 대운은 10년간 가는 길이고, 세운은 1년간 가는 길이다. 대운이나 세운은 자동차가 가는 길이지만 요즘 세상에는 길이 다종다양해서 자기에게 주어진 대운이나 세운의 길로 가지 않아도 되기에 자기가 좋아하는 다른 길로 가면 된다. 사주(四柱)대로 길을 가는 게 아니다. 자기 의지적으로 자기가 가고 싶은 길로 선택해서 가면 된다. 대도로도 있고, 소도로도 있고, 골목길도 있고, 목적지에 닿는 길이 사방팔방으로 뚫려 있다. 이렇게 길이 많은 현대사회에서 대운이나 세운의 길이 나쁘다고 해서 운명이 나쁘게 풀리지 않는다. 길이 나쁘면 다른 길로 돌아가면 된다.

개인이 타고난 사주대로 정해진 삶을 살지 않는다. 자기 의지가 강하면 사주와 상관없이 새로운 길을 개척해서 즐겁게 여행하듯이 원하는 목적지에 도달할 수 있다. 인생의 목표를 어느 날 갑자기 바꿀 수 있듯이 사주와 상관없이 자기 삶의 길을 바꾸면 된다. 어느 한 길이 절대적인 길이 아니다. 요즘 같은 경쟁사회에서는 부자 되기나 오래 살기 같은 목표도 그렇게 절대적이지 않다.

요즘 세대는 소박하게 자기 만족하면서 자기가 가장 잘하는 일을 취미처럼 하면서 소소한 인맥 관계를 맺으면서 건강한 몸으로 행복을 추구하는 특징이 강하다. 그러면서 환경을 걱정해서 쓰레기를 줄이는 운동도 하고, 어려운 사람을 도와가며 산다. 이런 삶은 사주의 길흉화복(吉凶禍福)과 아무 관련이 없으며, 오히려 자기 삶의 가치와 의의를 주체적으로 창조하는 삶이다.

사주로 인간이 욕망하는 직장복(職場福), 돈복, 학업복(學業福), 건강복, 남편복, 아내복, 자식복, 부동산복(不動産福)을 예측할 수 있지만, 사람이 사는 데에는 이것만이 다가 아니다. 사주보다 중요한 것은 개인의 자유의지로 자기가 하고 싶은 일을 창의적으로 하며, 행복감을 느끼는 마음이며, 좋은 인간관계를 맺는 관계성이 더 중요하다. 현대인은 지식정보의 시대에 살고 있기에 스마트폰 하나만 있으면 자기에게 필요한 지식정보를 접속해서, 자기에게 맞는 삶을 주체적으로 이끌어 가는 의지가 있다.

사주는 신분이 고정된 농경사회 때 만들어진 예측학(豫測學)이며 자연학이다. 현대사회는 신분 이동이 자유롭고 과학 문명과 통신기술이 발달했기에 사주학 말고도 인간의 삶을 심리학, 정신분석학, 정치학, 경제학 등으로 예측할 수 있다. 그래서 사주를 보고 사주만으로 자기 운명을 결정하면 안 된다. 사람은 자유의지가 있고, 자기가 공부한 학문도 있고, 인간관계에서 터득한 삶의 기술도 있다. 이런 삶의 경험들이 사주보다 더 크게 개인의 삶을 운명짓고 운을 이끌어 가는 힘이 된다. 그렇기에 사주학을 공부하는 사람들은 한 개인의 미래를 사주만으로 맞히려고 애쓰지 말고, 사람의 복잡한 마음을 이해하려고 노력하는 사람이 되어야 한다.

중요한 것은 마음의 의지이다. 피상담자의 마음을 밝고 긍정적인 방향으로 이끌어주는 상담가가 되어야 한다. 사주학은 단지 개인의 미시적인 부분만 알 수 있는 학문이다. 명리학을 공부하면서 맞는지, 맞지 않는지를 이분법적으로 계산하면 사주 상담가가 될 수 없다. 사주 상담가는 유연하고 융통성 있게 인간의 마음을 이해하고, 인간의 왜곡된 욕망을 다스리는 방법을 상담해주는 사람이다. 사주학은 상담학의 한 방법이기에 '사람을 더 잘 알기 위한 마음공부'로 생각하면 된다.

에필로그

— 2021.12.6. 시사뉴스 인터뷰 —

〈명리학그램〉 김현희 작가 "운명은 나쁜 쪽보다 좋은 쪽으로 움직인다"
2022년 검은 호랑이해 "새롭게 봄이 움트는 시기…우리나라 경제 활력"

〈명리학그램 1권과 2권〉을 출간한 김현희 작가는 시인이며 명리학자다. 대학에서 국문학을 전공한 작가는 언제나 글과 함께 했다. 그리고 작가는 20년 동안 공부해온 명리학을 통해 "운명은 개척할 수 있다"라고 말한다. 정해진 사주팔자에 갇혀 '운명에 순응하는 것'을 명리의 기본으로 삼았던 이들과 다른 해석이다. 신년을 맞이하는 12월, 김현희 작가와 이야기를 나눴다.

– '명리학그램'을 출간한 동기는?

사람의 운명은 나쁜 쪽보다는 좋은 쪽으로 움직이는 게 순리라는 걸 알리고 싶었다. 명리학은 긍정적이고 희망적인 미래를 만들어갈 수 있도록 도와주는 음양오행에 관련된 이론이다. 글자 그대로 명리학은 '사주를 읽는 이치'다.

사주에는 인간이 바라는 오복(건강복, 재능복, 돈복, 직업복, 명예복)이 들어 있는데, 이런 오복이 어떻게 작용하는지를 예측하는 것이다. 명리학은 과학처럼 사실적 지식을 말하는 학문이 아니라, '내' 사주에 있는 복을 '내'가 어떻게 능동적으로 가져다 쓸지를 알려주는 학문이다. '명리학그램'을 누구나 쉽게 이해하도록 쓴 이유다. 독자 스스로 자신의 사주를 예측하고 자기 삶을 더 좋은 쪽으로 이용할 수 있도록 말해주는데 중심을 뒀다.

– 여러 권의 시집을 출간한 시인인데?

시를 공부하기 이전에 명리학을 공부했으니 20년 정도 함께 해왔다. 그 결과를 나누고 싶고 정리하고 싶은 마음에 출간하게 됐다. 그래서 나온 책이 '명리학그램'이다. 시인으로 등단한 건 5년 정도 됐다. 다행히 수도권 문학지인 〈서정문학〉에 2016년 신인상을 받으며 등단할 수 있었고, 그 이후로 시를 계속 쓰고 있다. 현재까지 출간한 책이 '명리학그램' 책 두 권과 시집 세 권이다. 내년 출간을 목표로 '명리학그램 3'을 정리 중이기도 하다.

명리학과 시는 전혀 길이 다르다. 명리학은 사주에 나와 있는 팔자들의 운행을 마치 정해진 운명인 양 예측하는 학문이라면, 시는 운명과는 아무 관련 없이 자기의 느낌과 생각을 비유와 상징과 심상으로 표현하는 글이다. 시는 무한하게 상상력을 발휘하는 분야이고, 명리는 사주 이론 대로 원리 원칙적으로 팔자라는 운명을 해석하는 분야라는 차이가 있다.

– '명리학그램'은 어떤 책인가요?

'명리학그램'은 1권과 2권으로 구성되어 있다. '명리학그램 1'의 부제목은

'작은 인문학'으로 인문학적 관점에서 명리학을 해석했다. 인간은 주어진 운명보다 자기 의지로 세상을 살아가는 존재라는 의미를 강조, 사주팔자가 아무리 나빠도 자신의 의지가 운명을 개척하는 주인이라는 것이 주요 내용이다. 여기서 강조한 부분은 사주팔자를 재미로만 알고 있으면 된다는 점이다. '내'가 태어난 음양오행이 무엇인지 알면 '내' 장점은 더 개발할 수 있고, 단점은 고치면 된다. 한 개인의 사주팔자는 자신의 것 이외에도 멀리 보면 국가나 세계의 정치 경제적 상황에 따라 바뀌고, 또 부모의 환경 때문에도 바뀐다. 주어진 생일에 나타난 운명을 너무 믿는 것도 금물이다.

'명리학그램 2'의 부제목은 '사주통변론'이다. 이 책은 좀 더 전문적으로 공부하고 싶은 분들이 읽기에 좋다. 사주 해석을 할 때 사용할 수 있는 명리 이론들을 정리한 책으로 1권에 비해 전문적인 용어도 나오고 조금 어렵다. 다른 사람의 사주까지 봐주고 싶은 분들과 전문가들을 대상으로 썼다.

– '운명이 정해져 있다' 주장하는 분들도 많다. 그렇다면 명리를 통해 미래를 안다는 게 의미가 있나?

의미가 있을 수도 있고 없을 수도 있다. 의미가 있다면 긍정적인 쪽으로 사용해서 자기 미래를 좋게 만드는 것이고, 의미가 없다면 아예 사주를 믿지 않아도 된다는 것이다. 다시 말하지만, 운명은 정해져 있지 않다. 운명은 매 순간, 매일, 매달, 매년, 들어오는 기운(음양오행)에 따라 달라진다. 이 세상에 정해진 운명은 단 하나도 없다. 명리학은 '운명이 정해져 있다'가 아니라 '운명은 변한다'는 원리에 기반한다. 오늘의 일진에 따라서도 '내' 사주가 변하고, 이번 달 기운으로도 사주는 변하고 움직인다.

사주 공부를 한다는 것은 나아가고 물러나는 때를 안다는 것이다. '나'에게 도움이 되는 기운이 들어오면 더 노력하고, '나'를 제압하는 기운이 들어오면 겸손하게 행동하고 말조심을 하면 된다. 명리학을 통해 자기에게 좋은 시기와 나쁜 시기를 알 수 있다.

- 그럼 운명은 개척할 수 있나?

당연히 운명을 개척할 수 있다. 운명을 개척하는 첫 번째 방법은 책 읽기다. 훌륭한 선인들이 남겨놓은 책을 읽으면서 마음을 닦고, 정신을 강하게 하고, 올바른 사고력을 습득한다면, 자기 운명은 자기 스스로 충분히 개척할 수 있다. 사주가 운명에 개입하는 정도는 30% 정도라 생각하면 된다. 두 번째 방법은 좋은 사람들과 소통하고 좋은 일에 참여하면서 인간관계를 확장해 나가는 방법이다. 그러면 운명이 좋은 쪽으로 움직인다. 책 읽기를 하고, 좋은 사람과 만남을 통해 자기 능력을 개발할 수 있고, 자기 재능을 사회를 위해 보편적으로 쓴다면 운명은 좋은 쪽으로 개척된다.

- '명리학그램'을 바탕으로 동영상을 제작했다고 들었다.

이제 막 명리학을 배우는 사람들을 대상으로 하는 동영상이다. 여기에 명리학을 배웠음에도 사주 해석을 잘하지 못하는 사람들도 대상으로 한다. 명리학을 아무리 배워도 뭐가 무슨 말인지 모르겠다는 사람들에게 도움이 될 거로 생각한다. 그리고 사주 해석의 재미있는 비법도 곁들여 초보자와 전문가는 물론 사주 상담사가 되고 싶은 분들이 동영상과 책을 같이 보면 사주 해석을 어떻게 하는지를 알게 될 것이다. 누가 봐도 쉽게 이해할 수 있도록 만들었다.

– 2022년 새해 대한민국의 흐름은 어떤가?

2022년은 임인년(壬寅年)이다. 물상(物象)으로는 '검은 호랑이'인데 전문용어로는 천간(天干) 임수(壬水)가 지지(地支) 인목(寅木)을 생(生)하는 식신(食神)으로 작용한다. 식신은 먹을 복, 수명복, 생활력, 재능, 표현력 등의 의미로 2022년부터 봄의 인묘진(寅卯辰) 3년, 여름의 사오미(巳午未) 3년으로 2027년까지 흐른다.

지난 2019년과 2020년, 2021년은 해자축(亥子丑) 겨울에 속하는 시기로 코로나가 전 세계를 잡아먹고 몸살을 앓은 3년이었다. 이제 2022년부터 봄이 열리기 시작하며 코로나도 서서히 사라질 것으로 보인다. 그러나 2022년도 이래저래 정치·경제적으로는 여전히 분배의 불공평이 있을 것이고, 상류층과 하류층의 격차는 더 벌어질 수 있겠다. 이런 분배의 불평등 문제는 해결책이 없다고 판단되는데, 다만 임인년에는 코로나로 움츠렸던 서민들이 다시 한번 힘을 내서 살아보려는 움직임이 호랑이처럼 활발할 것이다.

겨울과 꽃샘추위를 버티면서 싹을 내는 임인년의 인목(새싹)처럼 대한민국의 2022년은 긍정적인 한 해가 될 것이다. 대한민국은 점점 더 나아지는 방향으로 흐르고 있다.

– 자신의 운명을 궁금해하시는 분들께 한 말씀 한다면?

자기 운명이 궁금해서 손금을 보든, 관상을 보든, 사주를 보든, 좋은 말만 귀에 새겼으면 한다. 사주를 해석하다 보면 자기 긍정 효과가 잘 맞다. 자기 자신을 부정적으로 생각하는 사람보다 자기 자신을 긍정적으로 생각하는 사람들이 자기 운명을 좋은 쪽으로 이끌고 가는 것을 보았고, 운명은 정해져 있지 않다. 매 순간 변하는 것이 운명이고 변화의 순간에 자기 자신을 믿고 의지해야 한다. 누구나 노력한다면 운명은 좋은 쪽으로 흘러가게 되어 있다. 명리학을 배운다는 것은 자기 사주에서 좋은 점이 무엇인지를 알아, 자신의 의지로 장점을 더 좋게 만들어내는 것이다.

주어진 운명은 없다. 변화하는 운명을 '내' 편으로 만들어 '내'가 어떻게 유용하게 쓸지를 알기 위해서 명리학을 공부하는 것도 좋은 일이다.

명리학그램 3 : 사주통변술

발행일 초판 1쇄 발행 2022년 3월 23일

지은이 김현희
펴낸이 이영옥
편 집 송은주
펴낸곳 도서출판 이든북   **등록번호** 제2001-000003호
전 화 042 · 222 · 2536   **이메일** eden-book@daum.net
팩 스 042 · 222 · 2530
주 소 (34625)대전광역시 동구 중앙로193번길 73

ISBN 979-11-6701-131-2

값 14,000원

* 잘못된 책은 바꾸어드립니다.
* 이 책 내용의 전부 또는 일부를 재사용하려면 반드시 저작권자의 동의를 받아야 합니다.